I0660587

Le Bourgeois
gentilhomme

MOLIÈRE

Le Bourgeois gentilhomme

●

PRÉSENTATION
NOTES
DOSSIER
BIBLIOGRAPHIE

par Jean de Guardia

CHRONOLOGIE

par Bénédicte Louvat-Molozay

GF Flammarion

Jean de Guardia, maître de conférences en littérature française à l'université Paris-Est-Créteil, est spécialiste du théâtre classique. Il est notamment l'auteur de *Poétique de Molière* (Genève, Droz, 2007) et a procuré en GF l'édition de *L'Avare* (2009).

© Flammarion, Paris, 2014.
ISBN : 978-2-0812-3873-2
N° d'édition : L.01EHPN000385.C002
Dépôt légal : février 2014
Imprimé en Espagne par Novoprint (Barcelone)

La première du *Bourgeois gentilhomme* fut glorieuse : elle eut lieu au château de Chambord, le 14 octobre 1670, devant Louis XIV et la cour[1]. Molière est alors au sommet de sa carrière : il est le protégé du roi et l'un des principaux organisateurs des divertissements royaux. Sa pièce sera jouée quatre fois avec succès à Chambord[2], puis trois fois à Saint-Germain-en-Laye[3], devant le même public élégant. On ne s'étonnera donc pas de ce que *Le Bourgeois gentilhomme* présente toutes les caractéristiques d'une comédie destinée à plaire à un public de courtisans et d'aristocrates. Du point de vue du genre, d'abord : il s'agit d'une comédie-ballet, intimement mêlée de musique et de danse, deux des principaux goûts de Louis XIV et du public qui se conforme aux préférences du roi. Du point de vue du ton, ensuite : c'est une comédie légère et gaie. Du point de vue de la matière, enfin : elle tourne en ridicule le projet d'accéder à la classe sociale fort fermée à laquelle appartenaient justement la majorité de ses premiers spectateurs.

On ne peut pas considérer pour autant que le spectacle ait été conçu par Molière uniquement pour un public de cour. On sait que les caisses de sa troupe ne se remplissaient pas ainsi, mais bien par la représentation de ses

---

1. Le livret distribué aux spectateurs portait le titre : *Livret du Bourgeois gentilhomme. Comédie-ballet, donnée par le roi à toute sa cour dans le château de Chambord.*

2. Les 14, 16, 20 et 21 octobre 1670.

3. Les 9, 11 et 13 novembre 1670.

comédies à la ville, et que le principal public à conquérir
était le public payeur, celui de la ville. Effectivement, dix
jours après la dernière représentation à Saint-Germain-
en-Laye, la pièce sera jouée au Palais-Royal, théâtre parisien de Molière. C'est alors un grand succès : les recettes
sont très bonnes [1] et la pièce tient l'affiche jusqu'au
17 mars 1671. Voilà donc une première bizarrerie et un
premier mystère : *Le Bourgeois gentilhomme* eut d'emblée
deux publics, celui de la cour et celui de la ville, qui
furent tous deux enthousiastes devant cette histoire touchant de si près à la délicate question des « conditions ».

AFFAIRES TURQUES

Commençons par l'aspect le plus frappant et le plus
original du *Bourgeois gentilhomme* : ses fameuses « turqueries », et plus précisément la « cérémonie turque » qui
clôt l'acte IV. Covielle, le valet rusé de l'amoureux Cléonte, a imaginé une fourberie (une « bourle [2] », dit-il)
pour contourner le refus que Monsieur Jourdain oppose
au mariage de sa fille avec un roturier. En déguisant Cléonte, Covielle le fait passer pour « le fils du Grand Turc »
et, afin que Monsieur Jourdain devienne digne d'être son
beau-père, il organise une cérémonie (turque, évidemment) pour l'« ennoblir [3] » et le faire « Mamamouchi »,
c'est-à-dire « Paladin » (acte IV, scène 3).

Cette scène est pour le moins originale et les premiers
spectateurs ont dû la trouver bien surprenante : jamais
on n'avait vu de ruse si exotique chez Molière, où l'on
trouve beaucoup plus volontiers des bourses dérobées et
des jeunes filles enlevées (mais aussi quelques pirates). Et
pour cause : ces étranges « turqueries » faisaient partie

---

1. La recette de la première se monta à 1 397 livres.
2. Acte III, scène 13, *infra*, p. 107.
3. Formule du français classique ; voir acte IV, scène 5, *infra*, p. 126.

du cahier des charges de la commande royale qui fut à l'origine du *Bourgeois gentilhomme*.

En 1669, après une série complexe d'événements politiques et militaires qui avait abouti à une rupture des relations diplomatiques entre Louis XIV et le Grand Turc, Mehmed IV [1], celui-ci voulut finalement renouer le dialogue avec une puissance qui avait été son alliée pendant si longtemps, et mandata en France un émissaire, un certain Soliman-Aga. L'envoyé arriva à Paris avec une suite qui, par son exotisme et sa splendeur, marqua fortement l'imagination des Parisiens et de la cour. Mais pour des raisons protocolaires [2], l'ambassade se passa très mal et les deux parties en sortirent mécontentes. Soliman-Aga fut très vexé du déroulement de son séjour et de la piètre estime dans laquelle on l'avait tenu, tandis que Louis XIV, de son côté, qui avait de sérieux doutes sur le rang de l'envoyé – avait-il vraiment le statut d'ambassadeur ? –, trouva *a posteriori* qu'il l'avait trop bien reçu et s'était ainsi humilié. Le chevalier d'Arvieux, grand connaisseur de l'Orient, par les *Mémoires* duquel nous connaissons cette aventure, conclut ainsi la relation de l'événement :

> Comme l'idée des Turcs qu'on venait de voir à Paris était encore toute récente, il [le roi] crut qu'il serait bon de les faire paraître sur la scène. Sa Majesté m'ordonna de me joindre à Messieurs Molière et de Lully, pour composer une pièce de théâtre où l'on pût faire entrer quelque chose des habillements et des manières des Turcs [3].

Voilà donc comment un incident diplomatique franco-turc aboutit à la commande d'une comédie-ballet. Les motivations réelles de Louis XIV, sur lesquelles la critique a beaucoup glosé, restent sujettes à conjectures. Le

---

1. Mehmed IV (1642-1693) fut sultan de l'Empire ottoman durant quarante ans.
2. Voir Dossier, p. 172 et suiv.
3. *Mémoires du chevalier d'Arvieux, envoyé extraordinaire du roi à la Porte* […], Paris, 1735, t. IV, p. 252.

plus probable est que le roi fut mécontent de l'épisode qui contrariait non seulement sa politique extérieure – l'ambassade fut un échec diplomatique –, mais aussi sa politique intérieure : la délégation turque avait produit une forte impression de puissance sur les Français, et l'image du Grand Turc en sortait grandie. Sans doute celui qui tenait à se faire nommer « le plus grand roi du monde » vit-il cela d'un mauvais œil : il ne fallait pas laisser s'installer l'idée qu'il existait des princes aussi puissants que lui. La commande du *Bourgeois gentilhomme* relève ainsi probablement de la volonté de ridiculiser la puissance turque et son faste aux yeux de la cour, en la renvoyant à son exotisme et à sa bizarrerie.

À en croire le premier biographe de Molière, Grimarest, Louis XIV ne fut pas très satisfait du résultat. Il ne rit guère à la première représentation et n'en toucha pas un mot à Molière. Ce ne fut qu'à l'issue de la deuxième qu'il lui dit : « Je ne vous ai point parlé de votre pièce à la première représentation, parce que j'ai appréhendé d'être séduit par la manière dont elle avait été représentée [1] » – propos pour le moins sibyllin. On peut en tout cas imaginer les raisons de la déception du roi : s'il s'agissait de ridiculiser les Turcs par une comédie de mœurs moquant leurs coutumes exotiques, représenter l'histoire de bourgeois français se déguisant en Turcs, au lieu de vrais Turcs, n'en était pas le meilleur moyen. Mais là encore, nous sommes réduits aux hypothèses.

La commande royale n'est pas le seul facteur qui explique que Molière ait utilisé ces exotiques turqueries. En effet, il obéissait en 1670 à une véritable mode artistique et littéraire, qui durait au moins depuis les années 1640. Depuis cette époque, l'Empire ottoman, au faîte de sa puissance, fascinait l'Occident. La connaissance que l'on en avait devenait plus précise, en particulier grâce aux nombreux récits de voyage qui circulaient, et aux récits de captivité. Rien d'étonnant, donc, à ce que

---

1. Grimarest, *Vie de Monsieur de Molière*, Paris, 1705, p. 111.

l'inspiration turque soit extrêmement fréquente dans la littérature de l'époque. On en trouve notamment de nombreux exemples dans la tragédie : *Ibrahim* de Scudéry (1643), *Perside* de Desfontaines (1644), *Osman*, de Tristan l'Hermite (1656), etc. Cela dit, la plupart du temps, l'optique choisie n'est pas celle du ridicule, mais bien celle de la fascination de l'ailleurs. En cela, *Le Bourgeois gentilhomme* est original.

UN SPECTACLE TOTAL

En 1661, une décennie avant *Le Bourgeois gentilhomme*, Molière avait inventé, avec *Les Fâcheux*, un nouveau genre théâtral : la comédie-ballet. À l'origine, comme il le dit dans l'« Avertissement » de cette pièce [1], l'idée était simplement de « séparer » les entrées [2] de ballet afin que les danseurs puissent se reposer, pour cela, Molière les plaça dans les entractes de la comédie. Mais très vite, la musique vocale s'invite dans le genre, qui devient véritablement celui de l'union entre les arts, un spectacle total composé de comédie, de musique, de danse et de chant mêlés. À partir de 1664, Lully se joint à Molière pour créer ces comédies-ballets dont le public de cour et celui de la ville sont friands. Les deux hommes, qui portent le même prénom, sont alors des amis si proches qu'on les appelle communément « les deux Baptiste ». Ensemble, ils développent et perfectionnent le genre. *Le Bourgeois gentilhomme* sera l'accomplissement de leur collaboration. La pièce est en effet unanimement considérée par la critique, depuis cette époque, comme le chef-d'œuvre du genre. Cet apogée sera aussi un chant du cygne : les deux Baptiste vont très vite se brouiller,

---

1. Voir Dossier, p. 155.
2. On appelait à l'époque « entrée » une « scène » de ballet, notamment au sein d'une comédie-ballet ou d'un ballet de cour. Le mot sortit d'usage dans ce sens au début du siècle suivant.

dans des conditions obscures, Lully se dirigeant nettement vers la création de l'opéra français, tandis que
Molière restera attaché à une forme de spectacle dans
laquelle la musique et la danse sont soumises à la
comédie.

Le Bourgeois gentilhomme est considéré comme le
sommet de la comédie-ballet pour deux raisons touchant
à sa composition : d'une part, les chants et les danses y
sont d'une extrême diversité ; d'autre part, cette même
variété musicale et chorégraphique s'intègre excellem-
ment dans la comédie. Molière et Lully parviennent ici à
concilier les deux contraintes esthétiques très lourdes de
ce genre hybride : la comédie exige par nature la conti-
nuité dramatique (la motivation des éléments), tandis que
le ballet nécessite la multiplicité générique des danses.
Cette contradiction est le problème fondamental de la
comédie-ballet : comment, au sein d'une bonne logique
dramatique, amener des genres chorégraphiques et musicaux si différents ? Dans *Le Bourgeois gentilhomme*,
Molière et Lully ont mis en œuvre un nouvel arsenal de
solutions à ce problème essentiel. Pour bien comprendre
la structure de la pièce, il faut donc recenser rapidement
les genres musicaux et chorégraphiques qui y sont utilisés [1] et examiner comment ils s'intègrent à l'action dramatique, tout en gardant à l'esprit le principe général de
la disposition de la comédie-ballet : dans les entractes,
on trouve uniquement des entrées de ballet, et au sein
des actes, uniquement des airs chantés, sans danse.

Au milieu de la scène 2 de l'acte Ier, le maître de
musique fait jouer et chanter devant Monsieur Jourdain
un air de sérénade à l'un de ses élèves : il s'agit d'un air
galant de style français. Un peu plus loin dans la même
scène, sur l'ordre du même maître, trois musiciens font

---

1. L'identification musicologique et chorégraphique des diverses
pièces est tirée des subtiles analyses d'Anne Piéjus dans son annotation
de la pièce ; voir Molière, *Œuvres complètes*, dir. G. Forestier, Gallimard, « Bibliothèque de la Pléiade », 2010, t. I, p. 1464-1465.

entendre au bourgeois un dialogue pastoral mis en musique et composé de trois airs, très influencé par le genre de l'air de cour. Enfin, l'intermède qui clôt l'acte fait intervenir la danse : il est constitué d'une « scène à fragments », entrée de ballet qui juxtapose des mouvements de différentes danses et qui constitue une sorte de démonstration systématique de la virtuosité technique des danseurs. Pour ces trois premières pièces, deux musicales et une chorégraphique, l'intégration des autres arts dans la comédie est excellente. En effet, Monsieur Jourdain les a toutes trois commandées pour accompagner le « cadeau » (le déjeuner de fête) qu'il doit donner plus tard à Dorimène, et il veut très logiquement, en client-mécène qu'il est, les entendre avant.

L'intermède qui clôt l'acte II est constitué quant à lui d'une gavotte, dansée par les garçons tailleurs qui ont cousu les nouveaux vêtements du bourgeois. Cette danse légère et très gaie est présentée comme spontanée et non pas comme chorégraphiée par un artiste professionnel ; elle entre en agréable contraste avec la précédente. Elle a bien une motivation dramatique : à la dernière scène de l'acte II, un garçon tailleur flatte le snobisme de Monsieur Jourdain en lui donnant toutes sortes de titres nobiliaires absurdes, et le Bourgeois le récompense en lui donnant un pourboire à la hauteur des titres donnés. La joie provoquée par cette somme mirifique rend vraisemblable la danse des garçons tailleurs.

L'entrée de ballet qui sépare les actes III et IV est nettement moins bien intégrée. Elle est dansée par les cuisiniers qui ont préparé le festin destiné à Dorimène. S'il y a bien variation par rapport à l'entrée de ballet précédente, l'insertion dramatique n'est guère travaillée : le passage de la marche à la danse n'est, pour ainsi dire, pas motivé, et la comédie-ballet cède alors à son vieux démon, la tentation de la juxtaposition pure et simple.

Ce mauvais pas est heureusement vite oublié. Au sein de l'acte IV, celui du festin donné par Monsieur Jourdain à Dorimène, deux musiciens chantent deux airs à boire :

un duo bachique et un *carpe diem*. Le passage de la
parole au chant est de nouveau bien motivé, car l'air à
boire était un genre très prisé au XVIIe siècle, et une pratique festive fréquente. C'était d'ailleurs une manière traditionnelle d'intégrer la musique dans la comédie, que
l'on trouvait déjà dans *Le Médecin malgré lui* de Molière
(acte Ier, scène 5) et d'autres pièces de l'époque. C'est à
la fin de cet acte IV qu'intervient la fameuse « cérémonie
turque », en costumes exotiques, chantée et dansée. Cette
entrée, contrairement aux autres, est de nature burlesque,
tant par sa musique que par sa chorégraphie ou son
texte. Musicalement, elle est largement homophonique,
c'est-à-dire qu'elle consiste en une scansion sur une seule
note par douze voix d'hommes, sans mélodie réelle ; c'est
la musique imaginaire et burlesque d'un Orient de fantaisie. Du point de vue chorégraphique, les pas, notamment
ceux qui sont dansés par Lully lui-même, qui joue le
Mufti, ne relèvent d'aucun genre connu (puisqu'il s'agit
de pas turcs...). Enfin, le texte de cette entrée est écrit
non pas en turc, comme il le prétend, non pas même en
lingua franca, ce mélange de français et d'italien utilisé
par les marchands du bassin méditerranéen, mais dans
un sabir qui cherche à l'imiter. Ce charabia est absolument transparent pour le public, mais apparemment
opaque pour le pauvre Jourdain, qui n'a pas le don des
langues.

La cérémonie turque, entrée beaucoup plus développée
que les autres, produit une rupture tonale nette, un fort
effet de contraste avec les divers genres musicaux français
utilisés auparavant dans la pièce. À tous points de vue,
c'est là le clou du spectacle, tout à fait inattendu pour
ses premiers spectateurs. Burlesque dans tous ses aspects,
la cérémonie turque est sans doute une tentative très
novatrice de Lully et de Molière : ils entendent intégrer
tonalement le ballet dans la comédie, tout simplement en
le rendant lui-même comique, chose assez rare dans l'histoire du genre. Cependant, au regard de l'économie dramatique générale, la cérémonie semble s'intégrer assez

mal. D'une part, thématiquement : pourquoi diable faire intervenir des Turcs alors que, depuis la scène d'exposition, il n'a été question que de bonne bourgeoisie parisienne ? D'autre part, dramaturgiquement, du point de vue de la motivation causale des événements : pour que se fasse le mariage entre Lucile et Cléonte, il suffisait que celui-ci passe pour le fils du Grand Turc aux yeux du Bourgeois, et il n'était nul besoin que Jourdain lui-même devienne un gentilhomme, ce qui rend superflue la cérémonie d'anoblissement. Au total, la couture entre ballet et comédie reste très visible.

Enfin, le très long « Ballet des nations » en cinq entrées, d'un raffinement et d'une complexité extraordinaires selon les musicologues, vient prolonger la représentation de trois quarts d'heure. Il forme un véritable spectacle dans le spectacle, et son lien avec la structure générale de la comédie-ballet n'est pas évident. L'ambiance turque présente dans la comédie permettait sans doute cet enchaînement thématique flou sur un défilé des « nations ». Mais l'impression qui domine est que cette séquence finale abandonne la logique esthétique de l'enchaînement dramatique pour finir par la juxtaposition pure et simple du ballet et de la comédie.

La comédie des classes sociales

Au sein de la production moliéresque, *Le Bourgeois gentilhomme* s'inscrit dans un cycle de trois comédies qui traitent des structures profondes de la société du temps, et plus précisément des rapports des groupes sociaux entre eux. Deux ans avant *Le Bourgeois gentilhomme*, *George Dandin* avait porté un regard cru sur les relations intéressées que la noblesse de province désargentée, représentée par la famille Sotenville, entretenait avec les riches roturiers, alors incarnés par Dandin. Les deux pièces sont thématiquement très proches : elles posent

– de manière plus réaliste dans la première – la question précise de l'ascension sociale. En 1671, un an après la représentation du *Bourgeois gentilhomme*, *La Comtesse d'Escarbagnas*, sur un ton beaucoup plus badin, analysera les rapports entre cette même noblesse de province, représentée par la comtesse, et l'aristocratie de cour. Ces trois pièces « sociales » ne doivent toutefois pas être comprises comme des pièces « engagées » avant la lettre. Elles ont pour points communs notables d'être des commandes royales directes et d'avoir été créées à l'occasion de fêtes à la cour. C'est à ce titre qu'elles sont mêlées de chants et de danses. Les problèmes sociaux sont plutôt abordés du point de vue de l'aristocratie de cour, donc dans un cadre qui les désamorce. On ne s'étonnera pas de ce que la seule classe qui sorte à peu près indemne de ce jeu de massacre du ridicule moliéresque soit bien la haute aristocratie elle-même.

La spécificité du *Bourgeois gentilhomme* est qu'on s'y intéresse dans le détail à la classe bourgeoise et à sa culture, mise en regard avec la culture aristocratique. La bourgeoisie est incarnée par Madame Jourdain, la noblesse de cour par Dorante et Dorimène. Entre ces deux pôles, Monsieur Jourdain, qui se rêve transfuge social, cherche maladroitement à passer d'un espace à l'autre. Grâce à ce principe dramatique simple, Molière peut dresser deux tableaux symétriques : d'une part, celui des valeurs bourgeoises, transgressées par Monsieur Jourdain, mais défendues et explicitées par sa femme ; d'autre part, celui des valeurs de l'aristocratie, incarnées par les personnages nobles que Jourdain rencontre, maladroitement imitées par lui, et explicitées par la galerie des professeurs qui se pressent chez lui. Mais comme toujours chez Molière, ce sont surtout les infractions qui permettent de voir fonctionner les systèmes axiologiques.

Ce double tableau est centré sur la question du rapport à l'argent. Comme on peut s'y attendre, du côté bourgeois l'*économie* est une vertu cardinale. Ce que Madame Jourdain reproche avant tout à son mari, ce sont les dépenses qu'il réalise pour sa lubie plus encore que la lubie elle-même : « Il vous sucera jusqu'au dernier sou », « Allez, vous êtes une vraie dupe »[1]. En effet, la seule coutume aristocratique que Monsieur Jourdain a vraiment bien assimilée, c'est celle de la dépense d'apparat : frais de vêtements, leçons diverses, mécénat artistique ; mais surtout dépenses galantes : « cadeaux » (repas de fête, musiciens...) pour la marquise Dorimène, etc. Madame Jourdain est furieuse, alors même qu'elle ne connaît qu'une partie de la somme (Monsieur Jourdain a surtout acheté un diamant à Dorimène, dont le coût est d'un tout autre ordre de grandeur...). Le second aspect du rapport à l'argent de la classe bourgeoise est l'*honnêteté*, non pas au sens social qui a cours dans l'aristocratie, mais au sens financier ; cette vertu est le principe même de la réputation commerciale. Lorsque Madame Jourdain s'inquiète des conséquences d'un mariage de sa fille en dehors de sa classe sociale, elle imagine immédiatement les « caquets » du voisinage :

> Elle n'a pas toujours été si relevée que la voilà, et ses deux grands-pères vendaient du drap auprès de la porte Saint-Innocent. Ils ont amassé du bien à leurs enfants, qu'ils payent maintenant peut-être bien cher en l'autre monde, et l'on ne devient guère si riches à être honnêtes gens[2].

Pour Madame Jourdain, on ne saurait être « honnêtes gens » dans les deux sens du terme. Bénéficier d'une promotion sociale comporte des risques : il faut accepter de renoncer à sa réputation d'honnêteté commerciale, et donc se voir radier purement et simplement de la classe bourgeoise.

Économie et honnêteté commerciale : voilà les deux fondements du rapport bourgeois à l'argent. Ceux de la classe aristocratique sont strictement symétriques. Dorante a tant pratiqué les dépenses somptuaires qu'il

---

1. Acte III, scène 4, *infra*, p. 85-86.
2. Acte III, scène 12, *infra*, p. 106.

est ruiné et vit à crédit (en l'occurrence aux crochets de
Monsieur Jourdain) comme toute une partie de l'aristocratie de l'époque. Sa dette auprès du bourgeois est
considérable : 18 000 francs (quelque chose comme
50 000 euros d'aujourd'hui). De plus, le jeu que joue
l'aristocrate désargenté est moralement très ambigu.
D'un côté, la dépense somptuaire est une valeur en soi
et il n'est pas honteux de vivre à crédit, de l'autre, l'aristocrate est rattrapé par la figure sociale et littéraire du
parasite dès que le Bourgeois résiste un peu et qu'il faut
lui extorquer l'argent en question. Dorante, à la scène 4
de l'acte III, rejoue ainsi avec Madame Jourdain la scène
très ambiguë de Dom Juan avec Monsieur Dimanche [1],
et apparaît comme un personnage assez louche. Si finalement il se marie avec Dorimène, qui est veuve, c'est
grâce à une fourberie : la belle marquise le croit très
riche, alors qu'il lui a fait sa cour avec l'argent de Monsieur Jourdain.

À bien des égards, il se dégage de la pièce une impression de « conservatisme » social, si tant est que ce mot
puisse avoir un sens dans le contexte du XVIIe siècle. Et
ce, d'abord sur la question, centrale en comédie, du
mariage. Deux ans plus tôt, la « leçon » bien explicite de
George Dandin était qu'il est très dangereux de vouloir
sortir de sa condition par un mariage aristocratique :

> GEORGE DANDIN. – Ah ! Qu'une femme demoiselle est
> une étrange affaire, et que mon mariage est une leçon bien
> parlante à tous les paysans qui veulent s'élever au-dessus de
> leur condition, et s'allier, comme j'ai fait, à la maison d'un
> gentilhomme [2] !

Dans *Le Bourgeois gentilhomme*, comme dans *George
Dandin*, l'exogamie est présentée comme un danger, non
seulement social, mais aussi individuel, un véritable principe de discorde :

---

1. Molière, *Dom Juan*, acte IV, scène 3.
2. Molière, *George Dandin*, acte Ier, scène 1.

MADAME JOURDAIN. – C'est une chose, moi, où je ne consentirai point. Les alliances avec plus grand que soi sont sujettes toujours à de fâcheux inconvénients. Je ne veux point qu'un gendre puisse à ma fille reprocher ses parents, et qu'elle ait des enfants qui aient honte de m'appeler leur grand-maman [1].

Le mariage qui triomphera finalement, celui de Lucile et de Cléonte, sera bien une union bourgeoise. Cette endogamie est lourdement présentée par Madame Jourdain comme un gage d'harmonie et de concorde :

Je veux un homme, en un mot, qui m'ait obligation de ma fille, et à qui je puisse dire : « Mettez-vous là, mon gendre, et dînez avec moi. » [2].

Une jeune bourgeoise est en droit d'aspirer à épouser un « honnête homme » et non un « gentilhomme », selon la distinction faite par la même Madame Jourdain :

Il faut à votre fille un mari qui lui soit propre, et il vaut mieux pour elle un honnête homme riche et bien fait, qu'un gentilhomme gueux et mal bâti [3].

Cléonte, sachant que le vrai pouvoir est du côté de Madame Jourdain, n'essaie pas de se faire passer pour le gentilhomme qu'il n'est pas, et se présente comme un bon bourgeois. Il obtient ainsi l'accord de Madame Jourdain, qui légitime clairement son projet amoureux aux yeux du spectateur, que ce dernier soit bourgeois ou aristocrate.

Plus globalement, la démarche de Monsieur Jourdain, qui consiste à vouloir sortir de sa condition en adoptant un mode de vie aristocratique, est présentée comme vouée à l'échec. Le Bourgeois voit pourtant très juste quand il choisit les « disciplines » qu'il faut maîtriser pour être un parfait gentilhomme, et qu'il aborde une à une au début de la pièce : musique, danse, élégance

1. Acte III, scène 12, *infra*, p. 105-106.
2. *Ibid.*, p. 106.
3. *Ibid.*, p. 105.

vestimentaire, escrime, teinture de philosophie, art
d'écrire dans un registre galant. C'est effectivement là
l'éventail des compétences qui forment l'*habitus* aristocratique du XVIIe siècle, le programme de travail est bon.
Mais un premier problème se pose : notre Bourgeois ne
présente de dispositions pour aucune de ces disciplines.
Pour la musique et le choix du vêtement, il manque de
goût : il n'aime que la bonne vieille chanson française et
les vêtements bariolés. Pour la danse et l'escrime, son
corps est trop lourd et malhabile. Quant aux disciplines
intellectuelles, son esprit est bien trop engourdi et il n'a
la patience pour aucune d'elles. Le principe comique du
début de la pièce consiste ainsi à mettre en scène une
incompétence systématique et hyperbolique : en dehors
de son talent de commerçant, qui l'a rendu riche, le
Bourgeois est un strict bon à rien ! Tout en se ridiculisant
lui-même, il dénature les délicates disciplines et toutes les
pratiques aristocratiques auxquelles il se prête, et nous
rions de cet éternel éléphant dans son éternel magasin de
porcelaine. Ainsi, on peut lire très facilement *Le Bourgeois gentilhomme* comme une sorte de manuel de politesse aristocratique dont les leçons seraient dispensées
par l'absurde : à chaque action du Bourgeois dans la
comédie correspond une règle, qu'il met fort bien en
valeur en l'enfreignant brutalement [1].

Plus profondément, Monsieur Jourdain se trompe sur
le but de l'apprentissage aristocratique. Il en a une
conception technique : la leçon devrait, selon lui, lui per-
mettre d'atteindre immédiatement un certain résultat. Il
dit ainsi à son maître d'armes : « De cette façon donc,
un homme, sans avoir du cœur, est sûr de tuer son
homme, et de n'être point tué [2] ? » Il ne voit pas que

---

1. On trouvera dans le Dossier (p. 169-171) un petit répertoire de
ces règles mondaines, qui sont devenues obscures pour le lecteur
moderne mais qui fondaient une grande partie du plaisir des spectateurs du XVIIe siècle.
2. Acte II, scène 2, *infra*, p. 52.

l'escrime repose sur une logique inverse : elle doit mettre en valeur le « cœur » de celui qui la pratique, et son but est bien souvent d'être tué avec panache. L'enjeu n'est pas de faire, mais bien d'être : ces disciplines sont des pratiques éthiques, non des techniques. De plus, Monsieur Jourdain se méprend sur le fonctionnement de l'apprentissage aristocratique. Les gentilshommes ne se forment pas par leçons, mais par imprégnation : ils prennent teinture depuis leur tendre enfance, par mimétisme continu et naturel, de toutes ces disciplines. Seules certaines, extrêmement techniques, peuvent faire l'objet de leçons, notamment la pratique musicale et l'escrime. Bref, Monsieur Jourdain prend pour une technique qui s'apprend ce qui est une pratique qui s'imite : là est son ridicule premier, d'où viennent tous les autres. L'aristocratie est ainsi proprement *inaccessible* par l'apprentissage. Monsieur Jourdain en a d'ailleurs l'intuition par deux fois. La première, quand on lui fait compliment de sa grotesque chanson : « C'est sans avoir appris la musique [1] », répond-il superbement. La seconde, lorsqu'il a réussi à composer son billet absurde destiné à la marquise : « Cependant je n'ai point étudié, et j'ai fait cela tout du premier coup [2]. »

On est sans doute en droit de soupçonner Molière d'une certaine complaisance à l'égard des idées et des pratiques politiques de son commanditaire. L'idée qu'il existerait, entre la bourgeoisie et la noblesse françaises, une frontière étanche, car fondée en essence, n'était nullement, au XVIIe siècle, une évidence communément partagée. Jusqu'au XVIe siècle compris, la noblesse, en tant que « qualité » juridique, était entièrement fondée sur un « genre de vie » et une « vertu » nobles [3]. Cela signifie d'une part qu'elle pouvait s'acquérir, certes au terme d'un long processus à l'œuvre sur plusieurs générations,

---

1. Acte Ier, scène 2, *infra*, p. 42.
2. Acte II, scène 4, *infra*, p. 65.
3. Voir Dossier, *infra*, p. 160.

et d'autre part qu'elle n'était pas une création du prince, qui se bornait à reconnaître et à entériner un état de fait. Or, toute une partie de la politique des monarques du XVIIᵉ siècle français a consisté à tenter de rendre nette la limite traditionnellement floue entre les conditions, et à présenter la noblesse comme une qualité accordée par le prince. Les textes de loi sur l'« usurpation de noblesse », conçus sous Louis XIV pour faire la « chasse aux faux nobles », formaient ainsi une machine de guerre destinée à séparer clairement les classes. À la lumière de cette politique, *Le Bourgeois gentilhomme* prend des couleurs plus sombres : puisque le roi veut que l'anoblissement par la pratique de la « vie noble » devienne illégal, Molière va rendre cette pratique ridicule.

LANGAGES

Plus profondément encore que sur le plan de l'argent, du mariage ou même du rapport au savoir, l'opposition entre les systèmes de valeurs bourgeois et aristocratique se joue dans le langage : la pièce met en scène une opposition frontale entre deux *langues*. La règle stylistique de « convenance », fondamentale au XVIIᵉ siècle, impose au dramaturge de faire tenir à chaque personnage le langage qui correspond strictement à son statut social – Molière respecte toujours cette règle. Mais d'ordinaire, le personnel dramatique est assez homogène dans une même œuvre, que ce soit pour la haute bourgeoisie dans la plupart des pièces (*L'Avare*, *Les Femmes savantes*…), ou pour l'aristocratie minoritairement (*Le Misanthrope*). Cette homogénéité du personnel dramatique entraîne une relative unité de registre. Ici, au contraire, la comédie, mettant face à face deux classes sociales, se fait polyphonique, et donne au spectateur des langages à comparer.

Du côté bourgeois, on remarque immédiatement l'importance des proverbes et autres tournures toutes faites dans le discours de Madame Jourdain : « Il me semble que j'ai dîné quand je le vois » (acte III, scène 3) ; « J'ai la tête plus grosse que le poing et si elle n'est pas enflée » (acte III, scène 5), etc. Pour le langage élégant, le proverbe est évidemment interdit ; il constitue une considérable faute de goût dans la bouche d'un aristocrate, comme le rappellent tous les manuels d'honnêteté. Le langage bourgeois, c'est aussi un lexique des objets et de la vie quotidienne. Lorsque Monsieur Jourdain découvre la différence entre la prose et les vers, la phrase qu'il choisit comme morceau de discours standard est : « Quoi ? quand je dis : "Nicole, apportez-moi mes pantoufles et me donnez mon bonnet de nuit", c'est de la prose [1] ? » Inversement, la langue de cour tend à effacer les références à la trivialité des choses, par imprégnation des pratiques langagières galantes et précieuses. Globalement, le rapport au langage des deux classes sociales se fonde sur une valorisation systématique du sens propre des mots du côté de la bourgeoisie, et du sens figuré pour l'aristocratie. Les différences entre la langue bourgeoise et la langue des grands seigneurs sont telles que Monsieur Jourdain, pour accéder à la sphère à laquelle il aspire, devra entièrement réapprendre à parler. En effet, au cours de sa leçon de philosophie, Monsieur Jourdain, qui voulait apprendre les sciences complexes, s'aperçoit vite qu'elles sont hors de sa portée. Il lui faut d'abord en revenir à l'« orthographe », et plus précisément à la phonétique. Tel un enfant qui vient de naître dans ce tout nouvel espace social, notre Bourgeois va réapprendre à prononcer les sons fondamentaux qui constituent la langue, comme s'ils étaient différents dans la bouche des nobles. Ce n'est que dans un second temps qu'il pourra passer à l'apprentissage de la parole aristocratique, quand il s'exercera à écrire un billet à la marquise.

Plus largement, la juxtaposition des langages apparaît comme un principe de composition de la pièce. Aux

---

1. Acte II, scène 4, *infra*, p. 63.

scènes 9 et 10 de l'acte III, Molière met en scène un
« dépit amoureux », type de scène dont il est spécialiste
depuis le début de sa carrière. Parallèlement aux
reproches galants que se font Lucile et Cléonte, Covielle
et Nicole jouent leur propre scène en reprenant le texte
des maîtres dans un registre populaire, créant un effet
de burlesque :

> LUCILE. – Quel chagrin vous possède ?
> NICOLE. – Quelle mauvaise humeur te tient ?
> LUCILE. – Êtes-vous muet, Cléonte ?
> NICOLE. – As-tu perdu la parole, Covielle ?
> CLÉONTE. – Que voilà qui est scélérat !
> COVIELLE. – Que cela est Judas[1] !

Ainsi le texte même du *Bourgeois gentilhomme* repro-
duit-il le principe de mélange qui préside à sa composition mêlant danse et comédie : il présente à son
spectateur un véritable spectacle polyphonique, sans
équivalent dans le reste du théâtre de Molière.

DRAMATURGIE

Il faut pour finir nous intéresser de plus près à la structure logique de l'intrigue, sans nous contenter du constat
évident qui est que cette intrigue est totalement invrai-
semblable. De ce point de vue, la première spécificité du
Bourgeois réside dans son double fil. On sait que la plupart des comédies de Molière sont fondées sur un fil
unique : le projet de mariage de deux jeunes amoureux,
contrarié par un père qui souhaite un gendre ou une
belle-fille conforme à sa manie – manie qui n'est autre
chose que son « caractère ». Cette opposition sert au dramaturge à exposer ledit caractère sous toutes ses faces, et
à en exploiter tout le potentiel comique. Ainsi, le caractère du père maniaque ne crée pas de son côté un fil

---

1. Acte III, scène 10, *infra*, p. 97.

d'intrigue secondaire : il appartient pleinement au fil principal, car il en constitue le nœud, le blocage. Dans *Le Bourgeois gentilhomme*, le système dramatique est très différent : certes, Monsieur Jourdain s'oppose au mariage de sa fille (« Touchez là, Monsieur : ma fille n'est pas pour vous [1] »), et il faudra une fourberie pour lui extorquer un accord. Mais par ailleurs, Monsieur Jourdain nourrit un projet personnel très précis, qu'il veut mener à son terme et qui est totalement indépendant des amours de sa fille : il veut devenir *lui-même* gentilhomme, et il a même, de son côté, une ambition amoureuse. Les deux premiers actes se passent ainsi fort bien de l'intrigue amoureuse traditionnelle : Lucile et Cléonte n'y sont même jamais mentionnés. Il ne sera question d'eux qu'à la scène 7 de l'acte III, à peu près au milieu de la pièce, où l'on verra très nettement apparaître la couture :

> MADAME JOURDAIN. – Ce n'est pas d'aujourd'hui, Nicole, que j'ai conçu des soupçons de mon mari. Je suis la plus trompée du monde, ou il y a quelque amour en campagne, et je travaille à découvrir ce que ce peut être. Mais songeons à ma fille. Tu sais l'amour que Cléonte a pour elle. C'est un homme qui me revient, et je veux aider sa recherche, et lui donner Lucile, si je puis [2].

Dramaturgiquement, *Le Bourgeois gentilhomme* a donc cette originalité d'être une pièce à deux fils. L'un est l'intrigue amoureuse traditionnelle, l'autre un projet d'ascension sociale un peu étrange, ou que Molière veut nous présenter comme tel.

Sa deuxième particularité structurelle est le caractère « sériel » de toute la première partie. Les deux premiers actes sont constitués de la série de leçons : chacun des maîtres vient à son tour faire son petit spectacle ridicule avec Monsieur Jourdain, sans qu'aucun lien proprement dramatique les unisse entre eux, sinon ce lien lâche et global que constitue le projet mégalomane du Bourgeois.

---

1. Acte III, scène 12, *infra*, p. 104.
2. Acte III, scène 7, *infra*, p. 91.

À chaque leçon, Monsieur Jourdain commet une suite de fautes de goût, donne la preuve de son incompétence, et l'on passe à la leçon suivante. Ces deux actes semblent ainsi avoir été comme contaminés par la logique sérielle des entrées de ballet ; cette structure de défilé est bien plus proche du principe de ballet que l'enchaînement dramatique « nécessaire et vraisemblable » prôné par les doctes théoriciens. Sur ce point, *Le Bourgeois gentilhomme* se rapproche de la structure des *Fâcheux*, la première comédie-ballet de Molière, qui faisait défiler des importuns ridicules devant le pauvre Éraste cherchant à rejoindre sa belle.

Dernière étrangeté structurelle de la pièce : les traces laissées par la redisposition importante dont elle a fait l'objet. En effet, la première version, celle dont rend compte le livret qui fut distribué aux spectateurs à la première, était composée en trois actes et non en cinq, comme celle qui serait publiée l'année suivante – celle que nous reproduisons. La pièce est donc formellement passée de la structure de la « petite comédie » à celle de la « grande comédie ».

– Aux actes Iᵉʳ et II de la version publiée correspondait un seul acte dans la version de Chambord.

– L'acte II joué à Chambord correspondait à l'acte III publié et au début de l'acte IV, chansons à boire comprises.

– L'acte III correspondait à la fin de l'acte IV actuel et à l'acte V.

La structure dramatique de la version de Chambord paraît ainsi beaucoup plus naturelle du point de vue de l'enchaînement dramatique, et met au jour une des logiques profondes de la pièce. Tous les apprentissages du Bourgeois sont d'abord réunis en un seul acte : ils forment un cycle unifié, un véritable défilé des maîtres. Ensuite, l'acte central correspond strictement à la série des mises en application de ces leçons : test d'élégance (actuellement acte III, scène 2), phonétique avec Madame Jourdain (acte III, scène 3), escrime avec Nicole (acte III, scène 3), entreprise galante avec Dorimène (acte III, scène 16, et acte IV, scène 1), etc. À cette série d'exercices de noblesse il faut ajouter, comme il se doit dans un acte central, le nœud amoureux : les amours contrariées de Cléonte et Lucile, fort développées dans cette séquence. Enfin, l'acte III de Chambord couvre la totalité de la ruse turque et du dénouement qu'elle permet, évitant l'effet désastreux d'un acte V « vide » produit par la version imprimée. En effet, dans la version en cinq actes, le dernier donne l'impression étrange de se produire *après* le dénouement dramatique, tant la cérémonie turque a créé un effet de fin : il semble que la messe est dite, Monsieur Jourdain est bien Mamamouchi, et le spectateur doit encore assister à un acte entier. À tous points de vue, la structure de la version de Chambord est plus efficace et plus nette, et les ruptures d'acte correspondent à la véritable structure de l'action :

– acte Ier : apprentissage des pratiques aristocratiques ;

– acte II : mises en application et nœud ;

– acte III : ruse et dénouement.

Pourquoi donc l'avoir changée pour une structure moins efficace ?

La première raison probable est que Molière cherche ici, comme il l'a fait pendant toute sa carrière, à conférer de la noblesse et de la dignité au genre de la comédie en le calquant sur les structures de la tragédie, et notamment sur la structure canonique en cinq actes. Cet impératif n'est pas pressant au moment de la représentation, puisque la cour considère, quoi qu'il en soit, ce type de pièce comme un « divertissement » ; mais au moment de la publication, il le devient, pour des raisons évidentes de légitimation dans le champ littéraire et théâtral. La seconde raison est sans doute que Molière a voulu rendre *Le Bourgeois gentilhomme* plus conforme à la structure originelle de la comédie-ballet, dans laquelle les entrées de ballet sont toujours placées dans les entractes. En effet, dans la version en trois actes, il y avait nettement plus de pièces chantées et dansées que d'entractes – qui n'étaient que deux, ce qui plaçait mécaniquement un grand nombre de pièces chantées ou dansées au sein même des actes. Multiplier les ruptures d'acte permettait de placer plus de ballets et de chants dans les entractes, et ainsi de mieux se conformer à la structure habituelle de la comédie-ballet.

Il faut bien reconnaître qu'il y a un peu de tout dans *Le Bourgeois gentilhomme* : un bon bourgeois de Paris un peu toqué, beaucoup de Turcs et de la musique de Lully. On peut certes faire semblant de croire que tout cela va merveilleusement bien ensemble, et que Molière a créé, comme toujours, une harmonie unique – ce que la critique ne s'est pas privée de faire. On peut aussi éprouver un sentiment d'inévidence fertile. Cette comédie laisse voir des coutures partout. Certes, il semble bien que le principe de rhapsodie des arts qui préside à la structure de la comédie-ballet ait gagné la structure dramatique elle-même. Mais c'est sans doute ce qui fait son charme particulier, et son ouverture aux multiples possibles de l'interprétation scénique.

Jean DE GUARDIA

NOTE SUR L'ÉDITION

La seule édition revue par l'auteur est l'édition originale de 1671. C'est celle que nous reproduisons, comme la plupart des éditeurs modernes. Nous corrigeons les très rares coquilles.

Pour faciliter la compréhension, nous modernisons systématiquement la graphie et la ponctuation.

Les explications lexicographiques sont issues pour la plupart du *Dictionnaire de l'Académie française* de 1694 (première édition), abrégé *Académie*. Lorsque la définition provient d'une édition ultérieure, l'année de publication est mentionnée. Quelques explications sont tirées du *Dictionnaire universel* d'Antoine Furetière, de 1690, abrégé Furetière.

Le Bourgeois gentilhomme

Comédie-ballet

faite à Chambord,
pour le divertissement du Roi,
par J. B. P. MOLIÈRE

———

et se vend pour l'auteur
À PARIS,
Chez PIERRE LE MONNIER, au Palais,
vis-à-vis la porte de l'Église de la Sainte-Chapelle,
à l'Image S. Louis, et au Feu Divin

———

M.DC.LXXI
AVEC PRIVILÈGE DU ROI [1]

———

1. Page de titre de l'édition de 1671.

ACTEURS[1]

Monsieur Jourdain[2], bourgeois[3].

Madame Jourdain[4], sa femme.

Lucile, fille de Monsieur Jourdain.

Nicole[5], servante.

Cléonte, amoureux[6] de Lucile.

Covielle[7], valet de Cléonte.

Dorante, comte[8], amant[9] de Dorimène.

Dorimène, marquise[10].

Maître de musique.

---

1. Comme il arrivait encore souvent au XVIIᵉ siècle, le terme « acteur » désigne ici *celui qui agit dans l'intrigue*, c'est-à-dire ce que nous appelons aujourd'hui « personnage ».

2. Lors de la création de la pièce, le rôle était tenu par Molière lui-même.

3. Le titre de la pièce est un oxymore, c'est-à-dire qu'il contient une contradiction dans les termes : « *Bourgeois* [...] signifie aussi une personne du tiers état. [...] *Bourgeois* veut dire encore : un homme qui n'est pas de la cour » (*Académie*).

4. Le rôle était tenu par le comédien Hubert, qui dans la troupe de Molière était spécialiste des rôles de vieille femme.

5. Nicole était jouée par Mademoiselle Beauval, qui avait un rire particulièrement communicatif, exploité à la scène 2 de l'acte III.

6. L'« amoureux » est par définition aimé en retour.

7. Coviello est un nom de valet courant dans la *commedia dell'arte*.

8. « Celui qui est revêtu d'une certaine dignité au-dessus de celle de baron, et au-dessous de celle de marquis » (*Académie*) ; il faut noter que formellement, dans la hiérarchie nobiliaire, Dorimène se trouve au-dessus de Dorante. Cela dit, la hiérarchie entre les titres, à l'époque de Louis XIV, était très floue. Seul le titre de duc se détachait réellement des autres.

9. « Celui qui aime d'amour une personne d'un autre sexe » (*Académie*) ; contrairement à l'« amoureux », l'« amant » au sens du XVIIᵉ siècle n'est pas toujours aimé en retour. Il n'a pas consommé son amour, contrairement au sens moderne.

10. « *Marquis* : Aujourd'hui c'est un titre de dignité qu'on donne à celui qui possède une terre considérable érigée en marquisat par lettres patentes » (*Académie*).

ÉLÈVE DU MAÎTRE DE MUSIQUE.

MAÎTRE À DANSER.

MAÎTRE D'ARMES.

MAÎTRE DE PHILOSOPHIE.

MAÎTRE TAILLEUR.

GARÇON TAILLEUR.

DEUX LAQUAIS.

PLUSIEURS MUSICIENS, MUSICIENNES, JOUEURS D'INSTRUMENTS, DANSEURS, CUISINIERS, GARÇONS TAILLEURS, et autres personnages des intermèdes et du ballet [1].

La scène est à Paris [2].

---

1. Les personnages sont beaucoup plus nombreux que dans la plupart des pièces de Molière.

2. Le fait que cette pièce a un cadre parisien la distingue de *La Comtesse d'Escarbagnas* et de *George Dandin*, proches chronologiquement et esthétiquement du *Bourgeois gentilhomme*. Voir la Présentation, p. 15-16.

L'ouverture [1] *se fait par un grand assemblage d'instruments* [2] *; et dans le milieu du théâtre on voit un élève du maître de musique, qui compose sur une table un air que le Bourgeois a demandé pour une sérénade* [3].

ACTE PREMIER

Scène première

MAÎTRE DE MUSIQUE, MAÎTRE À DANSER,
TROIS MUSICIENS, DEUX VIOLONS, QUATRE DANSEURS

MAÎTRE DE MUSIQUE, *parlant à ses musiciens.* – Venez, entrez dans cette salle, et vous reposez là, en attendant qu'il vienne.

MAÎTRE À DANSER, *parlant aux danseurs.* – Et vous aussi, de ce côté.

MAÎTRE DE MUSIQUE, *à l'élève.* – Est-ce fait ?

L'ÉLÈVE. – Oui.

MAÎTRE DE MUSIQUE. – Voyons… Voilà qui est bien.

MAÎTRE À DANSER. – Est-ce quelque chose de nouveau ?

MAÎTRE DE MUSIQUE. – Oui, c'est un air pour une sérénade, que je lui ai fait composer ici, en attendant que notre homme fût éveillé.

MAÎTRE À DANSER. – Peut-on voir ce que c'est ?

---

1. Au sens musical du terme : la comédie-ballet commence par la musique et non par la comédie elle-même.
2. On dirait aujourd'hui « ensemble instrumental ».
3. Cette scène d'exposition par des personnages secondaires peu impliqués dans l'intrigue est assez atypique dans le théâtre de Molière.

MAÎTRE DE MUSIQUE. – Vous l'allez entendre, avec le dialogue [1], quand il viendra. Il ne tardera guère.

MAÎTRE À DANSER. – Nos occupations, à vous et à moi, ne sont pas petites maintenant.

MAÎTRE DE MUSIQUE. – Il est vrai. Nous avons trouvé ici un homme comme il nous le faut à tous deux ; ce nous est une douce rente que ce Monsieur Jourdain, avec les visions de noblesse et de galanterie [2] qu'il est allé se mettre en tête ; et votre danse et ma musique auraient à souhaiter que tout le monde lui ressemblât.

MAÎTRE À DANSER. – Non pas entièrement ; et je voudrais pour lui qu'il se connût mieux qu'il ne fait aux choses que nous lui donnons.

MAÎTRE DE MUSIQUE. – Il est vrai qu'il les connaît mal, mais il les paie bien ; et c'est de quoi maintenant nos arts ont plus besoin que de toute autre chose.

MAÎTRE À DANSER. – Pour moi, je vous l'avoue, je me repais un peu de gloire [3], les applaudissements me touchent ; et je tiens que, dans tous les beaux-arts, c'est un supplice assez fâcheux que de se produire à des sots, que d'essuyer sur des compositions la barbarie d'un stupide [4].

---

1. Seront montrés successivement à Monsieur Jourdain, à la scène 2, une « sérénade » et un « dialogue musical ». « *Sérénade* : Musique de voix, d'instruments, que l'on donne aux dames le soir, la nuit, dans la rue sous des fenêtres » (*Académie*) ; « *Dialogue* : Il se dit, en musique, de deux parties qui se répondent l'une à l'autre, et qui souvent se réunissent » (*Académie*, 1832).

2. Le terme de « galanterie » doit être pris dans un sens beaucoup plus général que celui qu'il a aujourd'hui : « Qualité de celui qui est galant, gentillesse. *Cet homme-là a de la galanterie dans l'esprit. Il a de la galanterie dans tout ce qu'il fait* » (*Académie*). Il s'agit de la politesse et de la grâce mondaines, qui incluent un rapport courtois aux femmes, mais ne s'y résument pas. Il ne faut donc pas lire dans ce terme une première allusion à l'amour de Monsieur Jourdain pour Dorimène.

3. Autrement dit : je prends beaucoup de plaisir à la gloire. « Un peu » est ici une litote.

4. C'est-à-dire : de supporter, à propos d'une composition (chorégraphique ou musicale), les remarques ignares d'un imbécile.

Il y a plaisir, ne m'en parlez point, à travailler pour des personnes qui soient capables de sentir les délicatesses d'un art, qui sachent faire un doux accueil aux beautés d'un ouvrage, et par de chatouillantes approbations vous régaler [1] de votre travail. Oui, la récompense la plus agréable qu'on puisse recevoir des choses que l'on fait, c'est de les voir connues, de les voir caressées d'un applaudissement qui vous honore. Il n'y a rien, à mon avis, qui nous paie mieux que cela de toutes nos fatigues ; et ce sont des douceurs exquises que des louanges éclairées.

MAÎTRE DE MUSIQUE. – J'en demeure d'accord, et je les goûte comme vous. Il n'y a rien assurément qui chatouille davantage que les applaudissements que vous dites. Mais cet encens ne fait pas vivre ; des louanges toutes pures ne mettent point un homme à son aise : il y faut mêler du solide ; et la meilleure façon de louer, c'est de louer avec les mains [2]. C'est un homme, à la vérité, dont les lumières sont petites, qui parle à tort et à travers de toutes choses, et n'applaudit qu'à contresens ; mais son argent redresse les jugements de son esprit ; il a du discernement dans sa bourse ; ses louanges sont monnayées, et ce bourgeois ignorant nous vaut mieux, comme vous voyez, que le grand seigneur éclairé qui nous a introduits ici [3].

MAÎTRE À DANSER. – Il y a quelque chose de vrai dans ce que vous dites ; mais je trouve que vous appuyez un peu trop sur l'argent ; et l'intérêt est quelque chose de si bas qu'il ne faut jamais qu'un honnête homme montre pour lui de l'attachement.

MAÎTRE DE MUSIQUE. – Vous recevez fort bien pourtant l'argent que notre homme vous donne.

---

1. Ici : récompenser (sens rare).
2. C'est-à-dire en donnant, avec ses mains, de l'argent.
3. Premier élément de présentation de Dorante, qui est un grand seigneur désargenté.

MAÎTRE À DANSER. – Assurément ; mais je n'en fais pas tout mon bonheur, et je voudrais qu'avec son bien il eût encore quelque bon goût des choses.

MAÎTRE DE MUSIQUE. – Je le voudrais aussi, et c'est à quoi nous travaillons tous deux autant que nous pouvons. Mais, en tout cas, il nous donne moyen de nous faire connaître dans le monde ; et il paiera pour les autres ce que les autres loueront pour lui.

MAÎTRE À DANSER. – Le voilà qui vient.

Scène 2

MONSIEUR JOURDAIN, DEUX LAQUAIS,
MAÎTRE DE MUSIQUE, MAÎTRE À DANSER, VIOLONS,
MUSICIENS ET DANSEURS

MONSIEUR JOURDAIN. – Hé bien, Messieurs, qu'est-ce ? me ferez-vous voir votre petite drôlerie ?

MAÎTRE À DANSER. – Comment ? quelle petite drôlerie [1] ?

MONSIEUR JOURDAIN. – Eh la..., comment appelez-vous cela ? Votre prologue ou dialogue de chansons et de danse.

MAÎTRE À DANSER. – Ah ! ah !

MAÎTRE DE MUSIQUE. – Vous nous y voyez préparés.

MONSIEUR JOURDAIN. – Je vous ai fait un peu attendre, mais c'est que je me fais habiller aujourd'hui comme les gens de qualité [2], et mon tailleur m'a envoyé des bas de soie [3] que j'ai pensé ne mettre jamais [4].

---

1. Le terme est assez insultant pour le maître à danser : « *Drôlerie* : Trait de gaillardise, de bouffonnerie » (*Académie*).
2. Ici comme dans toute la pièce, « qualité » signifie une seule chose : « Noblesse de l'extraction, état, condition d'une personne noble » (*Académie*).
3. Les bas de soie étaient un produit de grand luxe.
4. Comprendre : dont j'ai pensé que je n'arriverais jamais à les mettre (parce qu'ils sont trop étroits).

MAÎTRE DE MUSIQUE. – Nous ne sommes ici que pour attendre votre loisir [1].

MONSIEUR JOURDAIN. – Je vous prie tous deux de ne vous point en aller qu'on ne m'ait apporté mon habit, afin que vous me puissiez voir.

MAÎTRE À DANSER. – Tout ce qu'il vous plaira.

MONSIEUR JOURDAIN. – Vous me verrez équipé comme il faut, depuis les pieds jusqu'à la tête.

MAÎTRE DE MUSIQUE. – Nous n'en doutons point.

MONSIEUR JOURDAIN. – Je me suis fait faire cette indienne-ci [2].

MAÎTRE À DANSER. – Elle est fort belle.

MONSIEUR JOURDAIN. – Mon tailleur m'a dit que les gens de qualité étaient comme cela le matin.

MAÎTRE DE MUSIQUE. – Cela vous sied à merveille.

MONSIEUR JOURDAIN. – Laquais ! holà, mes deux laquais [3] !

PREMIER LAQUAIS. – Que voulez-vous, Monsieur ?

MONSIEUR JOURDAIN. – Rien. C'est pour voir si vous m'entendez bien. (*Aux deux maîtres.*) Que dites-vous de mes livrées [4] ?

---

1. Ce qui signifie : « que pour attendre que vous ayez le loisir » (d'écouter la musique).
2. L'indienne est à l'origine une toile peinte, à la manière de celles qu'on importait à l'époque des Indes. Ici, il s'agit d'une robe de chambre faite dans ce type de tissu. On joue en général la scène avec une robe de chambre bariolée et de mauvais goût, sans doute comme l'imaginait Molière.
3. « *Laquais* : Jeune valet de livrée destiné à aller à pied, et à suivre son maître ou sa maîtresse » (*Académie*). Les laquais portent la livrée de leur maître, et c'est elle que Monsieur Jourdain veut montrer aux deux maîtres. Il leur signale très lourdement qu'il a *deux* laquais, c'est-à-dire qu'il mène un vrai train d'aristocrate : avoir deux domestiques d'ostentation, en plus des autres, coûte fort cher.
4. « *Livrée* : habit de couleur dont on habille, soit les pages, soit les laquais, cochers, etc. » (*Académie*). Ces couleurs sont celles de la

MAÎTRE À DANSER. – Elles sont magnifiques.

MONSIEUR JOURDAIN. – *Il entrouvre sa robe et fait voir un haut-de-chausses* [1] *étroit de velours rouge et une camisole* [2] *de velours vert, dont il est vêtu.* Voici encore un petit déshabillé pour faire le matin mes exercices.

MAÎTRE DE MUSIQUE. – Il est galant [3].

MONSIEUR JOURDAIN. – Laquais !

PREMIER LAQUAIS. – Monsieur.

MONSIEUR JOURDAIN. – L'autre laquais !

SECOND LAQUAIS. – Monsieur.

MONSIEUR JOURDAIN. – Tenez ma robe. Me trouvez-vous bien comme cela ?

MAÎTRE À DANSER. – Fort bien. On ne peut pas mieux.

MONSIEUR JOURDAIN. – Voyons un peu votre affaire.

MAÎTRE DE MUSIQUE. – Je voudrais bien auparavant vous faire entendre un air qu'il vient de composer pour la sérénade que vous m'avez demandée. C'est un de mes écoliers [4], qui a pour ces sortes de choses un talent admirable.

MONSIEUR JOURDAIN. – Oui ; mais il ne fallait pas faire faire cela par un écolier, et vous n'étiez pas trop bon vous-même pour cette besogne-là.

« maison » (toujours aristocratique) à laquelle les domestiques appartiennent.

1. « La partie du vêtement de l'homme qui le couvre depuis la ceinture jusqu'aux genoux » (*Académie*, 1762).

2. « Sorte de chemisette » (*Académie*).

3. Le maître de musique a bien compris que la « galanterie » est le système esthétique que Monsieur Jourdain s'efforce de mettre en œuvre – c'est pourquoi il utilise le terme – mais, appliqué à un vêtement, « galant » est très ambigu : il peut signifier « à la mode » ou « aristocratique ».

4. L'écolier n'est pas forcément un enfant dans la langue du XVIIᵉ siècle ; le terme peut signifier « disciple », notamment dans le domaine artistique.

MAÎTRE DE MUSIQUE. – Il ne faut pas, Monsieur, que le nom d'écolier vous abuse. Ces sortes d'écoliers en savent autant que les plus grands maîtres, et l'air est aussi beau qu'il s'en puisse faire. Écoutez seulement.

MONSIEUR JOURDAIN. – Donnez-moi ma robe pour mieux entendre… Attendez, je crois que je serai mieux sans robe… Non ; redonnez-la-moi, cela ira mieux.

MUSICIEN, *chantant.*
Je languis nuit et jour, et mon mal est extrême,
Depuis qu'à vos rigueurs vos beaux yeux m'ont soumis [1] *:*
Si vous traitez ainsi, belle Iris, qui vous aime,
Hélas ! que pourriez-vous faire à vos ennemis [2] *?*

MONSIEUR JOURDAIN. – Cette chanson me semble un peu lugubre, elle endort, et je voudrais que vous la pussiez un peu ragaillardir par-ci, par-là.

MAÎTRE DE MUSIQUE. – Il faut, Monsieur, que l'air soit accommodé aux paroles [3].

MONSIEUR JOURDAIN. – On m'en apprit un tout à fait joli, il y a quelque temps. Attendez… Là… comment est-ce qu'il dit ?

MAÎTRE À DANSER. – Par ma foi ! je ne sais.

MONSIEUR JOURDAIN. – Il y a du mouton dedans.

MAÎTRE À DANSER. – Du mouton ?

MONSIEUR JOURDAIN. – Oui. Ah !

Monsieur Jourdain chante.

---

1. Première occurrence dans la pièce du *topos* galant des « beaux yeux » assassins, qui sera repris dans le fameux billet à la marquise (acte II, scène 4).
2. Cet air de sérénade est très exactement dans le registre « galant », comparable à tous points de vue à ce qui s'écrivait à l'époque de Molière. Monsieur Jourdain devrait être content.
3. Or, le thème des paroles a été fixé par Monsieur Jourdain lui-même, qui dit se languir pour Dorimène, la dédicataire de la sérénade.

> *Je croyais Janneton*
> *Aussi douce que belle,*
> *Je croyais Janneton*
> *Plus douce qu'un mouton :*
> *Hélas ! hélas ! elle est cent fois,*
> *Mille fois plus cruelle,*
> *Que n'est le tigre aux bois*[1].

N'est-il pas joli ?

MAÎTRE DE MUSIQUE. – Le plus joli du monde.

MAÎTRE À DANSER. – Et vous le chantez bien.

MONSIEUR JOURDAIN. – C'est sans avoir appris la musique.

MAÎTRE DE MUSIQUE. – Vous devriez l'apprendre, Monsieur, comme vous faites la danse. Ce sont deux arts qui ont une étroite liaison ensemble.

MAÎTRE À DANSER. – Et qui ouvrent l'esprit d'un homme aux belles choses.

MONSIEUR JOURDAIN. – Est-ce que les gens de qualité apprennent aussi la musique ?

MAÎTRE DE MUSIQUE. – Oui, Monsieur.

MONSIEUR JOURDAIN. – Je l'apprendrai donc[2]. Mais je ne sais quel temps je pourrai prendre ; car, outre le maître

---

1. Chanson du poète Pierre Perrin (1620-1675), déformée et ridiculisée par Molière. Cette séquence rappelle fortement la fameuse scène du sonnet du *Misanthrope* (acte I, scène 2) dans laquelle Alceste oppose sa propre chanson (« J'aime mieux ma mie, au gué ! ») au sonnet galant d'Oronte, créant un brutal décalage de registre relevant du burlesque.

2. Il est certain que Monsieur Jourdain fait une faute de goût majeure en prenant tant de cours particuliers, et en voulant tant « apprendre » les belles choses. Un « galant homme » comme il cherche à l'être tient son savoir en matière d'art et de philosophie d'une imprégnation mimétique par l'air de la cour, et non d'un apprentissage spécialisé et systématique. Sur ce point, voir la Présentation, p. 20-21.

d'armes qui me montre, j'ai arrêté encore un maître de philosophie, qui doit commencer ce matin.

MAÎTRE DE MUSIQUE. – La philosophie est quelque chose ; mais la musique, Monsieur, la musique…

MAÎTRE À DANSER. – La musique et la danse… La musique et la danse, c'est là tout ce qu'il faut.

MAÎTRE DE MUSIQUE. – Il n'y a rien qui soit si utile dans un État que la musique.

MAÎTRE À DANSER. – Il n'y a rien qui soit si nécessaire aux hommes que la danse.

MAÎTRE DE MUSIQUE. – Sans la musique, un État ne peut subsister.

MAÎTRE À DANSER. – Sans la danse, un homme ne saurait rien faire.

MAÎTRE DE MUSIQUE. – Tous les désordres, toutes les guerres qu'on voit dans le monde, n'arrivent que pour n'apprendre pas la musique.

MAÎTRE À DANSER. – Tous les malheurs des hommes, tous les revers funestes dont les histoires sont remplies, les bévues des politiques et les manquements des grands capitaines, tout cela n'est venu que faute de savoir danser [1].

MONSIEUR JOURDAIN. – Comment cela ?

MAÎTRE DE MUSIQUE. – La guerre ne vient-elle pas d'un manque d'union entre les hommes ?

MONSIEUR JOURDAIN. – Cela est vrai.

---

1. Dialogue stichomythique (c'est-à-dire en répliques brèves symétriques) qui ressemble fort, pour reprendre une expression de Gabriel Conesa, à un « ballet de paroles » (*Le Dialogue moliéresque*, SEDES, 1991). Molière pratique aussi ce type de dialogue en dehors du sous-genre de la comédie-ballet, mais il fonctionne particulièrement bien ici.

MAÎTRE DE MUSIQUE. – Et si tous les hommes apprenaient la musique, ne serait-ce pas le moyen de s'accorder [1] ensemble, et de voir dans le monde la paix universelle ?

MONSIEUR JOURDAIN. – Vous avez raison.

MAÎTRE À DANSER. – Lorsqu'un homme a commis un manquement dans sa conduite, soit aux affaires de sa famille, ou au gouvernement d'un État, ou au commandement d'une armée, ne dit-on pas toujours : « Un tel a fait un mauvais pas [2] dans une telle affaire » ?

MONSIEUR JOURDAIN. – Oui, on dit cela.

MAÎTRE À DANSER. – Et faire un mauvais pas peut-il procéder d'autre chose que de ne savoir pas danser ?

MONSIEUR JOURDAIN. – Cela est vrai, vous avez raison tous deux [3].

MAÎTRE À DANSER. – C'est pour vous faire voir l'excellence et l'utilité de la danse et de la musique.

MONSIEUR JOURDAIN. – Je comprends cela à cette heure [4].

MAÎTRE DE MUSIQUE. – Voulez-vous voir nos deux affaires ?

MONSIEUR JOURDAIN. – Oui.

MAÎTRE DE MUSIQUE. – Je vous l'ai déjà dit, c'est un petit essai que j'ai fait autrefois des diverses passions que peut exprimer la musique.

---

1. Jeu de mots sur le double sens de « s'accorder » : se mettre d'accord, ou accorder des instruments ensemble.
2. Jeu de mots sur le double sens de « faire un mauvais pas » : faire une erreur stratégique, ou manquer son pas de danse.
3. Monsieur Jourdain se laisse prendre aux mauvais jeux de mots des deux maîtres.
4. « À cette heure » : maintenant.

MONSIEUR JOURDAIN. – Fort bien.

MAÎTRE DE MUSIQUE, *aux musiciens*. – Allons, avancez. (*À Monsieur Jourdain.*) Il faut vous figurer qu'ils sont habillés en bergers.

MONSIEUR JOURDAIN. – Pourquoi toujours des bergers ? On ne voit que cela partout.

MAÎTRE À DANSER. – Lorsqu'on a des personnes à faire parler en musique, il faut bien que, pour la vraisemblance, on donne dans la bergerie. Le chant a été de tout temps affecté aux bergers[1] ; et il n'est guère naturel en dialogue que des princes ou des bourgeois chantent leurs passions.

MONSIEUR JOURDAIN. – Passe, passe. Voyons.

DIALOGUE[2] EN MUSIQUE

UNE MUSICIENNE ET DEUX MUSICIENS
Un cœur, dans l'amoureux empire,
De mille soins est toujours agité :
On dit qu'avec plaisir on languit, on soupire ;
Mais, quoi qu'on puisse dire,
Il n'est rien de si doux que notre liberté.

PREMIER MUSICIEN
Il n'est rien de si doux que les tendres ardeurs
Qui font vivre deux cœurs
Dans une même envie.
On ne peut être heureux sans amoureux désirs :
Ôtez l'amour de la vie,
Vous en ôtez les plaisirs.

---

1. La pastorale, genre mettant en scène des bergers et des bergères dans un cadre antique de convention, était très pratiquée au XVIIᵉ siècle.
2. « Composé de trois airs et d'un trio d'une longueur et d'un raffinement exceptionnels, ce dialogue, dans lequel on reconnaît l'influence de l'air de cour, est structuré par les ritournelles de l'orchestre » (note d'Anne Piéjus, dans Molière, *Œuvres complètes*, éd. citée, t. I, p. 1455, note 11).

SECOND MUSICIEN
Il serait doux d'entrer sous l'amoureuse loi,
Si l'on trouvait en amour de la foi ;
Mais, hélas ! ô rigueur cruelle !
On ne voit point de bergère fidèle ;
Et ce sexe inconstant, trop indigne du jour,
Doit faire pour jamais renoncer à l'amour.

PREMIER MUSICIEN
Aimable ardeur.

MUSICIENNE
Franchise heureuse.

SECOND MUSICIEN
Sexe trompeur.

PREMIER MUSICIEN
Que tu m'es précieuse !

MUSICIENNE
Que tu plais à mon cœur !

SECOND MUSICIEN
Que tu me fais d'horreur !

PREMIER MUSICIEN
Ah ! quitte pour aimer cette haine mortelle.

MUSICIENNE
On peut, on peut te montrer,
Une bergère fidèle.

SECOND MUSICIEN
Hélas ! où la rencontrer ?

MUSICIENNE
Pour défendre notre gloire,
Je te veux offrir mon cœur.

SECOND MUSICIEN
Mais, Bergère, puis-je croire
Qu'il ne sera point trompeur ?

MUSICIENNE
Voyons par expérience
Qui des deux aimera mieux.

SECOND MUSICIEN
Qui manquera de constance,
Le puissent perdre les dieux !

TOUS TROIS
À des ardeurs si belles
Laissons-nous enflammer :
Ah ! qu'il est doux d'aimer,
Quand deux cœurs sont fidèles !

MONSIEUR JOURDAIN. – Est-ce tout ?

MAÎTRE DE MUSIQUE. – Oui.

MONSIEUR JOURDAIN. – Je trouve cela bien troussé, et il y a là-dedans de petits dictons assez jolis [1].

MAÎTRE À DANSER. – Voici, pour mon affaire, un petit essai des plus beaux mouvements et des plus belles attitudes dont une danse puisse être variée.

MONSIEUR JOURDAIN. – Sont-ce encore des bergers ?

MAÎTRE À DANSER. – C'est ce qu'il vous plaira. Allons.

Quatre danseurs exécutent tous les mouvements différents et toutes les sortes de pas que le maître à danser leur commande ; et cette danse fait le premier intermède [2].

---

1. Sur la faute de goût que Monsieur Jourdain commet ici, voir le Dossier, p. 169.
2. Il s'agit d'une « scène à fragments », à savoir une juxtaposition de mouvements de danses différentes.

ACTE II [1]

Scène première

MONSIEUR JOURDAIN, MAÎTRE DE MUSIQUE,
MAÎTRE À DANSER, LAQUAIS

MONSIEUR JOURDAIN. – Voilà qui n'est point sot, et ces gens-là se trémoussent bien.

MAÎTRE DE MUSIQUE. – Lorsque la danse sera mêlée avec la musique, cela fera plus d'effet encore, et vous verrez quelque chose de galant dans le petit ballet que nous avons ajusté [2] pour vous.

MONSIEUR JOURDAIN. – C'est pour tantôt au moins [3] ; et la personne pour qui j'ai fait faire tout cela me doit faire l'honneur de venir dîner céans [4].

MAÎTRE À DANSER. – Tout est prêt.

MAÎTRE DE MUSIQUE. – Au reste, Monsieur, ce n'est pas assez : il faut qu'une personne comme vous, qui êtes magnifique et qui avez de l'inclination pour les belles choses, ait un concert de musique chez soi tous les mercredis ou tous les jeudis.

---

1. Dans la version de la pièce jouée à Chambord, en trois actes, il n'y a pas de rupture d'acte ici : l'acte Ier recouvre les deux premiers de notre version. Voir la Présentation, p. 26.
2. Ici : préparé.
3. Ce qui veut dire : J'espère au moins que ce sera fini bientôt, car la personne…
4. C'est-à-dire : ici.

MONSIEUR JOURDAIN. – Est-ce que les gens de qualité en ont ?

MAÎTRE DE MUSIQUE. – Oui, Monsieur [1].

MONSIEUR JOURDAIN. – J'en aurai donc. Cela sera-t-il beau ?

MAÎTRE DE MUSIQUE. – Sans doute. Il vous faudra trois voix : un dessus [2], une haute-contre [3], et une basse [4], qui seront accompagnées d'une basse de viole [5], d'un théorbe [6], et d'un clavecin pour les basses continues, avec deux dessus de violon pour jouer les ritournelles [7].

MONSIEUR JOURDAIN. – Il y faudra mettre aussi une trompette marine [8]. La trompette marine est un instrument qui me plaît, et qui est harmonieux.

MAÎTRE DE MUSIQUE. – Laissez-nous gouverner [9] les choses.

MONSIEUR JOURDAIN. – Au moins n'oubliez pas tantôt de m'envoyer des musiciens, pour chanter à table.

MAÎTRE DE MUSIQUE. – Vous aurez tout ce qu'il vous faut.

---

1. C'est évidemment faux : même les grands seigneurs ne donnaient pas un concert chez eux chaque semaine, ce qui aurait été bien trop coûteux.
2. La voix la plus haute.
3. Voix intermédiaire entre le « dessus » et la « basse ».
4. Voix la plus basse.
5. « Instrument de musique à six ou à sept cordes de boyaux, sur lequel on joue avec un archet » (*Académie*).
6. « Espèce de luth à long manche, dont on se sert d'ordinaire pour accompagner la voix » (*Académie*).
7. « Petite symphonie qui a rapport avec un chant qui la précède, et qui quelquefois la suit » (*Académie*).
8. « On appelle *trompette marine* un instrument de musique qui n'a qu'une corde » (*Académie*). C'était un instrument populaire, utilisé par les musiciens de rue.
9. Ici : diriger.

MONSIEUR JOURDAIN. – Mais surtout, que le ballet soit beau.

MAÎTRE DE MUSIQUE. – Vous en serez content, et, entre autres choses, de certains menuets [1] que vous y verrez.

MONSIEUR JOURDAIN. – Ah ! les menuets sont ma danse, et je veux que vous me les voyiez danser. Allons, mon maître.

MAÎTRE À DANSER. – Un chapeau, Monsieur, s'il vous plaît. La, la, la ; la, la, la, la, la, la ; la, la, la, *bis* ; la, la, la ; la, la. En cadence, s'il vous plaît. La, la, la, la. La jambe droite. La, la, la. Ne remuez point tant les épaules. La, la, la, la, la ; la, la, la, la, la. Vos deux bras sont estropiés [2]. La, la, la, la, la. Haussez la tête. Tournez la pointe du pied en dehors. La, la, la. Dressez votre corps.

MONSIEUR JOURDAIN. – Euh ?

MAÎTRE DE MUSIQUE. – Voilà qui est le mieux du monde.

MONSIEUR JOURDAIN. – À propos. Apprenez-moi comme il faut faire une révérence pour saluer une marquise : j'en aurai besoin tantôt [3].

MAÎTRE À DANSER. – Une révérence pour saluer une marquise ?

MONSIEUR JOURDAIN. – Oui : une marquise qui s'appelle Dorimène.

MAÎTRE À DANSER. – Donnez-moi la main.

MONSIEUR JOURDAIN. – Non. Vous n'avez qu'à faire, je le retiendrai bien.

---

1. « Air à danser, dont la mesure se bat à trois temps, dans lequel il y a un repos de quatre en quatre mesures, et qui est composé de deux reprises » (*Académie*, 1762). Le menuet est une danse assez vive.
2. Ici : sans mouvement, trop peu mobiles.
3. Voir la scène 16 de l'acte III.

MAÎTRE À DANSER. – Si vous voulez la saluer avec beaucoup de respect, il faut faire d'abord une révérence en arrière, puis marcher vers elle avec trois révérences en avant, et à la dernière vous baisser jusqu'à ses genoux.

MONSIEUR JOURDAIN. – Faites un peu. Bon.

PREMIER LAQUAIS. – Monsieur, voilà votre maître d'armes qui est là.

MONSIEUR JOURDAIN. – Dis-lui qu'il entre ici pour me donner leçon. Je veux que vous me voyiez faire.

Scène 2

MAÎTRE D'ARMES, MAÎTRE DE MUSIQUE, MAÎTRE À DANSER, MONSIEUR JOURDAIN, DEUX LAQUAIS

MAÎTRE D'ARMES, *après lui avoir mis le fleuret à la main.* – Allons, Monsieur, la révérence. Votre corps droit. Un peu penché sur la cuisse gauche. Les jambes point tant écartées. Vos pieds sur une même ligne. Votre poignet à l'opposite [1] de votre hanche. La pointe de votre épée vis-à-vis de votre épaule. Le bras pas tout à fait si étendu. La main gauche à la hauteur de l'œil. L'épaule gauche plus quartée [2]. La tête droite. Le regard assuré. Avancez. Le corps ferme. Touchez-moi l'épée de quarte, et achevez de même. Une, deux. Remettez-vous. Redoublez de pied ferme. Un saut en arrière. Quand vous portez la botte [3], Monsieur, il faut que l'épée parte la première, et que le corps soit bien effacé. Une, deux. Allons, touchez-moi

---

1. « *Opposite* : qui est dans une situation opposée » (*Académie*).
2. Placée de manière à pouvoir attaquer en quarte. « *Quarte*, en termes d'escrime, est la manière de porter un coup d'épée ou de fleuret, en tournant le poignet en dehors » (*Académie*, 1762).
3. « *Botte*, en termes d'escrime, est un coup qu'on porte avec le fleuret ou une estocade » (*Académie*).

l'épée de tierce [1], et achevez de même. Avancez. Le corps ferme. Avancez. Partez de là. Une, deux. Remettez-vous. Redoublez. Un saut en arrière. En garde, Monsieur, en garde.

> *Le maître d'armes lui pousse deux ou trois bottes, en lui disant : « En garde ».*

MONSIEUR JOURDAIN. – Euh ?

MAÎTRE DE MUSIQUE. – Vous faites des merveilles.

MAÎTRE D'ARMES. – Je vous l'ai déjà dit, tout le secret des armes ne consiste qu'en deux choses, à donner, et à ne point recevoir ; et comme je vous fis voir l'autre jour par raison démonstrative [2], il est impossible que vous receviez, si vous savez détourner l'épée de votre ennemi de la ligne de votre corps : ce qui ne dépend seulement que d'un petit mouvement du poignet ou en dedans, ou en dehors.

MONSIEUR JOURDAIN. – De cette façon donc, un homme, sans avoir du cœur [3], est sûr de tuer son homme, et de n'être point tué ?

MAÎTRE D'ARMES. – Sans doute. N'en vîtes-vous pas la démonstration [4] ?

MONSIEUR JOURDAIN. – Oui.

---

1. « *Tierce* se dit en termes d'escrime d'une certaine botte qu'on porte ayant le poignet tourné en dedans, dans une situation horizontale, et au-dessus du bras de l'ennemi, en laissant son épée à droite » (*Académie*, 1762).

2. C'est-à-dire : par une preuve qui le démontre.

3. Ici : courage. Le propos de Monsieur Jourdain est à l'opposé de celui du gentilhomme qu'il souhaite être : l'escrime n'est pas pour un aristocrate une technique, mais justement une occasion de montrer son courage, qui est censé être l'essence même de l'aristocratie guerrière du XVIIᵉ siècle. Voir la Présentation, p. 20-21.

4. Jeu de mots sur le double sens de « démonstration » : démonstration « logique » que le maître d'armes vient de faire, et démonstration physique.

MAÎTRE D'ARMES. – Et c'est en quoi l'on voit de quelle considération, nous autres, nous devons être dans un État, et combien la science des armes l'emporte hautement sur toutes les autres sciences inutiles, comme la danse, la musique, la…

MAÎTRE À DANSER. – Tout beau, Monsieur le tireur d'armes : ne parlez de la danse qu'avec respect.

MAÎTRE DE MUSIQUE. – Apprenez, je vous prie, à mieux traiter l'excellence de la musique.

MAÎTRE D'ARMES. – Vous êtes de plaisantes gens, de vouloir comparer vos sciences à la mienne !

MAÎTRE DE MUSIQUE. Voyez un peu l'homme d'importance !

MAÎTRE À DANSER. – Voilà un plaisant animal, avec son plastron [1] !

MAÎTRE D'ARMES. – Mon petit maître à danser, je vous ferai danser comme il faut. Et vous, mon petit musicien, je vous ferai chanter de la belle manière.

MAÎTRE À DANSER. – Monsieur le batteur de fer, je vous apprendrai votre métier.

MONSIEUR JOURDAIN, *au maître à danser.* – Êtes-vous fou de l'aller quereller, lui qui entend [2] la tierce et la quarte, et qui sait tuer un homme par raison démonstrative ?

MAÎTRE À DANSER. – Je me moque de sa raison démonstrative, et de sa tierce et de sa quarte.

MONSIEUR JOURDAIN. – Tout doux, vous dis-je.

---

1. « Pièce de cuir faite en forme de cuirasse, qui est rembourrée et matelassée par-dedans, et recouverte de cuir par-dessus, et dont les maîtres d'armes se couvrent l'estomac lorsqu'ils donnent leçon à leurs écoliers » (*Académie*).
2. Ici : qui comprend.

MAÎTRE D'ARMES. – Comment ? petit impertinent.

MONSIEUR JOURDAIN. – Eh ! mon maître d'armes.

MAÎTRE À DANSER. – Comment ? grand cheval de carrosse [1].

MONSIEUR JOURDAIN. – Eh ! mon maître à danser.

MAÎTRE D'ARMES. – Si je me jette sur vous…

MONSIEUR JOURDAIN. – Doucement.

MAÎTRE À DANSER. – Si je mets sur vous la main…

MONSIEUR JOURDAIN. – Tout beau.

MAÎTRE D'ARMES. – Je vous étrillerai d'un air [2]…

MONSIEUR JOURDAIN. – De grâce !

MAÎTRE À DANSER. – Je vous rosserai d'une manière…

MONSIEUR JOURDAIN. – Je vous prie.

MAÎTRE DE MUSIQUE. – Laissez-nous un peu lui apprendre à parler.

MONSIEUR JOURDAIN. – Mon Dieu ! arrêtez-vous [3] !

Scène 3

MAÎTRE DE PHILOSOPHIE, MAÎTRE DE MUSIQUE,
MAÎTRE À DANSER, MAÎTRE D'ARMES,
MONSIEUR JOURDAIN, LAQUAIS

MONSIEUR JOURDAIN. – Holà, Monsieur le philosophe, vous arrivez tout à propos avec votre philosophie. Venez un peu mettre la paix entre ces personnes-ci.

---

1. « On dit figurément d'un homme stupide et hébété, que *C'est un vrai cheval de carrosse* » (*Académie*).
2. C'est-à-dire : Je vous frapperai d'une belle manière…
3. La traditionnelle querelle des arts prend ici un tour burlesque : elle vire au pugilat comique.

MAÎTRE DE PHILOSOPHIE. – Qu'est-ce donc ? qu'y a-t-il, Messieurs ?

MONSIEUR JOURDAIN. – Ils se sont mis en colère pour la préférence de leurs professions jusqu'à se dire des injures, et vouloir en venir aux mains.

MAÎTRE DE PHILOSOPHIE. – Hé quoi ? Messieurs, faut-il s'emporter de la sorte ? et n'avez-vous point lu le docte traité que Sénèque a composé de la colère [1] ? Y a-t-il rien de plus bas et de plus honteux que cette passion, qui fait d'un homme une bête féroce ? et la raison ne doit-elle pas être maîtresse de tous nos mouvements ?

MAÎTRE À DANSER. – Comment, Monsieur, il vient nous dire des injures à tous deux, en méprisant la danse que j'exerce, et la musique dont il fait profession !

MAÎTRE DE PHILOSOPHIE. – Un homme sage est au-dessus de toutes les injures qu'on lui peut dire, et la grande réponse qu'on doit faire aux outrages, c'est la modération et la patience.

MAÎTRE D'ARMES. – Ils ont tous deux l'audace de vouloir comparer leurs professions à la mienne.

MAÎTRE DE PHILOSOPHIE. – Faut-il que cela vous émeuve ? Ce n'est pas de vaine gloire et de condition que les hommes doivent disputer entre eux ; et ce qui nous distingue parfaitement les uns des autres, c'est la sagesse et la vertu [2].

MAÎTRE À DANSER. – Je lui soutiens que la danse est une science à laquelle on ne peut faire assez d'honneur.

MAÎTRE DE MUSIQUE. – Et moi, que la musique en est une que tous les siècles ont révérée.

---

1. Le très célèbre *De la colère*.
2. Cette réponse du maître de philosophie et celle qui précède sont purement stoïciennes, dans l'esprit de Sénèque, qu'il vient de citer.

MAÎTRE D'ARMES. – Et moi, je leur soutiens à tous deux que la science de tirer des armes est la plus belle et la plus nécessaire de toutes les sciences.

MAÎTRE DE PHILOSOPHIE. – Et que sera donc la philosophie ? Je vous trouve tous trois bien impertinents de parler devant moi avec cette arrogance, et de donner impudemment le nom de science à des choses que l'on ne doit pas même honorer du nom d'art, et qui ne peuvent être comprises que sous le nom de métier misérable de gladiateur, de chanteur et de baladin !

MAÎTRE D'ARMES. – Allez, philosophe de chien.

MAÎTRE DE MUSIQUE. – Allez, bélître [1] de pédant.

MAÎTRE À DANSER. – Allez, cuistre fieffé [2].

MAÎTRE DE PHILOSOPHIE. – Comment ? marauds que vous êtes...

> *Le philosophe se jette sur eux, et tous trois le chargent de coups, et sortent en se battant* [3].

MONSIEUR JOURDAIN. – Monsieur le philosophe !

MAÎTRE DE PHILOSOPHIE. – Infâmes ! coquins ! insolents !

MONSIEUR JOURDAIN. – Monsieur le philosophe !

MAÎTRE D'ARMES. – La peste l'animal !

MONSIEUR JOURDAIN. – Messieurs !

MAÎTRE DE PHILOSOPHIE. – Impudents !

---

1. « Coquin, gueux, homme de néant » (*Académie*, 1762).
2. Cuistre : « injure dont on se sert pour dire : un homme pédant et grossier » (*Académie*, 1762) ; fieffé : « qui porte au suprême degré un défaut, un vice » (*Académie*).
3. « *Ils sortent en se battant* » est une didascalie qui conclut traditionnellement beaucoup de farces françaises du Moyen Âge. Ce pugilat est en effet une authentique scène de farce.

MONSIEUR JOURDAIN. – Monsieur le philosophe !

MAÎTRE À DANSER. – Diantre [1] soit de l'âne bâté !

MONSIEUR JOURDAIN. – Messieurs !

MAÎTRE DE PHILOSOPHIE. – Scélérats !

MONSIEUR JOURDAIN. – Monsieur le philosophe !

MAÎTRE DE MUSIQUE. – Au diable l'impertinent !

MONSIEUR JOURDAIN. – Messieurs !

MAÎTRE DE PHILOSOPHIE. – Fripons ! gueux ! traîtres ! imposteurs !

Ils sortent.

MONSIEUR JOURDAIN. – Monsieur le philosophe, Messieurs, Monsieur le philosophe, Messieurs, Monsieur le philosophe ! Oh ! battez-vous tant qu'il vous plaira : je n'y saurais que faire, et n'irai pas gâter [2] ma robe [3] pour vous séparer. Je serais bien fou de m'aller fourrer parmi eux, pour recevoir quelque coup qui me ferait mal.

Scène 4

MAÎTRE DE PHILOSOPHIE, MONSIEUR JOURDAIN

MAÎTRE DE PHILOSOPHIE, *en raccommodant son collet.* – Venons à notre leçon.

MONSIEUR JOURDAIN. – Ah ! Monsieur, je suis fâché des coups qu'ils vous ont donnés.

MAÎTRE DE PHILOSOPHIE. – Cela n'est rien. Un philosophe sait recevoir comme il faut les choses, et je vais

---

1. Interjection mise pour « le diable ».
2. Ici : abîmer.
3. C'est la robe de chambre de Monsieur Jourdain, l'« indienne » dont il s'agissait plus haut, qui est toute neuve.

composer contre eux une satire du style de Juvénal [1], qui
les déchirera de la belle façon. Laissons cela. Que voulez-
vous apprendre ?

MONSIEUR JOURDAIN. – Tout ce que je pourrai, car j'ai
toutes les envies du monde d'être savant ; et j'enrage que
mon père et ma mère ne m'aient pas fait bien étudier
dans toutes les sciences, quand j'étais jeune.

MAÎTRE DE PHILOSOPHIE. – Ce sentiment est raisonnable : *Nam sine doctrina vita est quasi mortis imago* [2].
Vous entendez cela, et vous savez le latin sans doute ?

MONSIEUR JOURDAIN. – Oui, mais faites comme si je
ne le savais pas : expliquez-moi ce que cela veut dire.

MAÎTRE DE PHILOSOPHIE. – Cela veut dire que *Sans la
science, la vie est presque une image de la mort.*

MONSIEUR JOURDAIN. – Ce latin-là a raison.

MAÎTRE DE PHILOSOPHIE. – N'avez-vous point quelques
principes, quelques commencements des sciences ?

MONSIEUR JOURDAIN. – Oh ! oui, je sais lire et écrire.

MAÎTRE DE PHILOSOPHIE. – Par où vous plaît-il que
nous commencions ? Voulez-vous que je vous apprenne
la logique [3] ?

MONSIEUR JOURDAIN. – Qu'est-ce que c'est que cette
logique ?

MAÎTRE DE PHILOSOPHIE. – C'est elle qui enseigne les
trois opérations de l'esprit.

---

1. Célèbre poète latin du Ier siècle, auteur des *Satires*. La satire est
un poème de moquerie et d'insulte.
2. Citation extraite d'un des *Distiques* de Dionysius Caton (livre III).
3. La logique est l'une des parties de la philosophie, celle qui étudie
la structure des raisonnements justes, l'art de raisonner. Le plus célèbre
traité de logique du XVIIe siècle est celui d'Antoine Arnauld (*Logique
de Port-Royal*, Savreux, 1662).

MONSIEUR JOURDAIN. – Qui sont-elles, ces trois opérations de l'esprit ?

MAÎTRE DE PHILOSOPHIE. – La première, la seconde et la troisième. La première est de bien concevoir par le moyen des universaux [1]. La seconde, de bien juger par le moyen des catégories, et la troisième de bien tirer une conséquence par le moyen des figures *Barbara, Celarent, Darii, Ferio, Baralipton*, etc. [2].

MONSIEUR JOURDAIN. – Voilà des mots qui sont trop rébarbatifs. Cette logique-là ne me revient point. Apprenons autre chose qui soit plus joli.

MAÎTRE DE PHILOSOPHIE. – Voulez-vous apprendre la morale ?

MONSIEUR JOURDAIN. – La morale ?

MAÎTRE DE PHILOSOPHIE. – Oui.

MONSIEUR JOURDAIN. – Qu'est-ce qu'elle dit, cette morale ?

MAÎTRE DE PHILOSOPHIE. – Elle traite de la félicité, enseigne aux hommes à modérer leurs passions, et...

MONSIEUR JOURDAIN. – Non, laissons cela. Je suis bilieux [3] comme tous les diables ; et il n'y a morale qui tienne, je me veux mettre en colère tout mon soûl, quand il m'en prend envie.

MAÎTRE DE PHILOSOPHIE. – Est-ce la physique que vous voulez apprendre [4] ?

---

1. « Terme de logique. Il se dit de ce qui est commun en plusieurs choses, de ce qui leur convient en général et en particulier » (*Académie*).
2. Ces noms étranges sont en logique des manières mnémotechniques de désigner les différents types de syllogismes. Les voyelles contenues dans chaque nom indiquent les types de « propositions » qui composent chaque type de syllogisme.
3. Autrement dit, colérique.
4. La physique appartenait encore à l'époque au domaine de la philosophie, dont elle était une sous-discipline (une « partie »), comme la logique et la morale.

MONSIEUR JOURDAIN. – Qu'est-ce qu'elle chante, cette physique ?

MAÎTRE DE PHILOSOPHIE. – La physique est celle qui explique les principes des choses naturelles et les propriétés du corps ; qui discourt de la nature des éléments, des métaux, des minéraux, des pierres, des plantes et des animaux, et nous enseigne les causes de tous les météores [1], l'arc-en-ciel, les feux volants [2], les comètes, les éclairs, le tonnerre, la foudre, la pluie, la neige, la grêle, les vents et les tourbillons.

MONSIEUR JOURDAIN. – Il y a trop de tintamarre là-dedans, trop de brouillamini.

MAÎTRE DE PHILOSOPHIE. – Que voulez-vous donc que je vous apprenne ?

MONSIEUR JOURDAIN. – Apprenez-moi l'orthographe.

MAÎTRE DE PHILOSOPHIE. – Très volontiers.

MONSIEUR JOURDAIN. – Après, vous m'apprendrez l'almanach, pour savoir quand il y a de la lune et quand il n'y en a point.

MAÎTRE DE PHILOSOPHIE. – Soit. Pour bien suivre votre pensée et traiter cette matière en philosophe, il faut commencer selon l'ordre des choses, par une exacte connaissance de la nature des lettres, et de la différente manière de les prononcer toutes [3]. Et là-dessus j'ai à vous dire que les lettres sont divisées en voyelles, ainsi dites voyelles parce qu'elles expriment les voix, et en consonnes, ainsi

---

1. Au sens particulier de « phénomènes météorologiques », comme dans les *Météores* d'Aristote.

2. « On appelle aussi feux volants des météores, de certains feux qui s'élèvent et se dissipent peu après, comme les ardents » (Furetière).

3. Toute cette séquence cite en s'en moquant le traité récemment publié (1668) d'un philosophe cartésien du temps, Géraud de Cordemoy : le *Discours physique de la parole*. Ce traité de phonologie était, selon son auteur, un moyen d'étudier, dans l'optique cartésienne, les relations de l'âme et du corps.

appelées consonnes parce qu'elles sonnent avec les voyelles, et ne font que marquer les diverses articulations des voix. Il y a cinq voyelles ou voix : A, E, I, O, U.

MONSIEUR JOURDAIN. – J'entends tout cela.

MAÎTRE DE PHILOSOPHIE. – La voix A se forme en ouvrant fort la bouche : A.

MONSIEUR JOURDAIN. – A, A. Oui.

MAÎTRE DE PHILOSOPHIE. – La voix E se forme en rapprochant la mâchoire d'en bas de celle d'en haut : A, E.

MONSIEUR JOURDAIN. – A, E, A, E. Ma foi ! oui. Ah ! que cela est beau !

MAÎTRE DE PHILOSOPHIE. – Et la voix I en rapprochant encore davantage les mâchoires l'une de l'autre, et écartant les deux coins de la bouche vers les oreilles : A, E, I.

MONSIEUR JOURDAIN. – A, E, I, I, I, I. Cela est vrai. Vive la science !

MAÎTRE DE PHILOSOPHIE. – La voix O se forme en rouvrant les mâchoires, et rapprochant les lèvres par les deux coins, le haut et le bas : O.

MONSIEUR JOURDAIN. – O, O. Il n'y a rien de plus juste. A, E, I, O, I, O. Cela est admirable ! I, O, I, O.

MAÎTRE DE PHILOSOPHIE. – L'ouverture de la bouche fait justement comme un petit rond qui représente un O.

MONSIEUR JOURDAIN. – O, O, O. Vous avez raison. O. Ah ! la belle chose que de savoir quelque chose !

MAÎTRE DE PHILOSOPHIE. – La voix U se forme en rapprochant les dents sans les joindre entièrement, et allongeant les deux lèvres en dehors, les approchant aussi l'une de l'autre sans les joindre tout à fait : U.

MONSIEUR JOURDAIN. – U, U. Il n'y a rien de plus véritable : U.

MAÎTRE DE PHILOSOPHIE. – Vos deux lèvres s'allongent comme si vous faisiez la moue : d'où vient que si vous la voulez faire à quelqu'un, et vous moquer de lui, vous ne sauriez lui dire que : U.

MONSIEUR JOURDAIN. – U, U. Cela est vrai. Ah ! que n'ai-je étudié plus tôt, pour savoir tout cela !

MAÎTRE DE PHILOSOPHIE. – Demain, nous verrons les autres lettres, qui sont les consonnes.

MONSIEUR JOURDAIN. – Est-ce qu'il y a des choses aussi curieuses qu'à celles-ci ?

MAÎTRE DE PHILOSOPHIE. – Sans doute. La consonne D, par exemple, se prononce en donnant du bout de la langue au-dessus des dents d'en haut ! Da.

MONSIEUR JOURDAIN. – Da, Da. Oui. Ah ! les belles choses ! les belles choses !

MAÎTRE DE PHILOSOPHIE. – L'F en appuyant les dents d'en haut sur la lèvre de dessous : Fa.

MONSIEUR JOURDAIN. – Fa, Fa. C'est la vérité. Ah ! mon père et ma mère, que je vous veux de mal [1] !

MAÎTRE DE PHILOSOPHIE. – Et l'R, en portant le bout de la langue jusqu'au haut du palais, de sorte qu'étant frôlée par l'air qui sort avec force, elle lui cède, et revient toujours au même endroit, faisant une manière de tremblement : Rra.

MONSIEUR JOURDAIN. – R, r, ra. R, r, r, r, r, ra. Cela est vrai. Ah ! l'habile homme que vous êtes ! et que j'ai perdu de temps ! R, r, r, ra.

MAÎTRE DE PHILOSOPHIE. – Je vous expliquerai à fond toutes ces curiosités.

MONSIEUR JOURDAIN. – Je vous en prie. Au reste, il faut que je vous fasse une confidence. Je suis amoureux

---

1. Sous-entendu : de ne pas m'avoir fait apprendre ces belles choses.

d'une personne de grande qualité, et je souhaiterais que vous m'aidassiez à lui écrire quelque chose dans un petit billet que je veux laisser tomber à ses pieds.

MAÎTRE DE PHILOSOPHIE. – Fort bien.

MONSIEUR JOURDAIN. – Cela sera galant, oui ?

MAÎTRE DE PHILOSOPHIE. – Sans doute. Sont-ce des vers que vous lui voulez écrire ?

MONSIEUR JOURDAIN. – Non, non, point de vers.

MAÎTRE DE PHILOSOPHIE. – Vous ne voulez que de la prose ?

MONSIEUR JOURDAIN. – Non, je ne veux ni prose ni vers.

MAÎTRE DE PHILOSOPHIE. – Il faut bien que ce soit l'un, ou l'autre.

MONSIEUR JOURDAIN. – Pourquoi ?

MAÎTRE DE PHILOSOPHIE. – Par la raison, Monsieur, qu'il n'y a pour s'exprimer que la prose ou les vers.

MONSIEUR JOURDAIN. – Il n'y a que la prose ou les vers ?

MAÎTRE DE PHILOSOPHIE. – Non, Monsieur : tout ce qui n'est point prose est vers ; et tout ce qui n'est point vers est prose[1].

MONSIEUR JOURDAIN. – Et comme l'on parle, qu'est-ce que c'est donc que cela ?

MAÎTRE DE PHILOSOPHIE. – De la prose.

MONSIEUR JOURDAIN. – Quoi ? quand je dis : « Nicole apportez-moi mes pantoufles, et me donnez mon bonnet de nuit », c'est de la prose ?

---

1. En effet, la seule définition de la prose est qu'elle ne consiste pas en vers : « *Prose* : discours qui n'est point assujetti à une certaine mesure, à un certain nombre de pieds, de syllabes » (*Académie*).

MAÎTRE DE PHILOSOPHIE. – Oui, Monsieur.

MONSIEUR JOURDAIN. – Par ma foi ! il y a plus de quarante ans que je dis de la prose sans que j'en susse rien, et je vous suis le plus obligé du monde de m'avoir appris cela. Je voudrais donc lui mettre dans un billet : *Belle Marquise, vos beaux yeux me font mourir d'amour* ; mais je voudrais que cela fût mis d'une manière galante, que cela fût tourné gentiment [1].

MAÎTRE DE PHILOSOPHIE. – Mettre que les feux de ses yeux réduisent votre cœur en cendres ; que vous souffrez nuit et jour pour elle les violences d'un…

MONSIEUR JOURDAIN. – Non, non, non, je ne veux point tout cela ; je ne veux que ce que je vous ai dit : *Belle Marquise, vos beaux yeux me font mourir d'amour.*

MAÎTRE DE PHILOSOPHIE. – Il faut bien étendre [2] un peu la chose.

MONSIEUR JOURDAIN. – Non, vous dis-je, je ne veux que ces seules paroles-là dans le billet ; mais tournées à la mode, bien arrangées comme il faut. Je vous prie de me dire un peu, pour voir, les diverses manières dont on les peut mettre.

MAÎTRE DE PHILOSOPHIE. – On les peut mettre premièrement comme vous avez dit : *Belle Marquise, vos beaux yeux me font mourir d'amour.* Ou bien : *D'amour mourir me font, belle Marquise, vos beaux yeux.* Ou bien : *Vos yeux beaux d'amour me font, belle Marquise, mourir.* Ou bien : *Mourir vos beaux yeux, belle Marquise, d'amour me font.* Ou bien : *Me font vos yeux beaux mourir, belle Marquise, d'amour.*

MONSIEUR JOURDAIN. – Mais de toutes ces façons-là, laquelle est la meilleure ?

---

1. Au XVIIe siècle, « gentil » signifiait principalement « joli ».
2. C'est-à dire : allonger.

MAÎTRE DE PHILOSOPHIE. – Celle que vous avez dite : *Belle Marquise, vos beaux yeux me font mourir d'amour.*

MONSIEUR JOURDAIN. – Cependant je n'ai point étudié, et j'ai fait cela tout du premier coup[1]. Je vous remercie de tout mon cœur, et vous prie de venir demain de bonne heure.

MAÎTRE DE PHILOSOPHIE. – Je n'y manquerai pas.

MONSIEUR JOURDAIN, *à son laquais*. – Comment ? mon habit n'est point encore arrivé ?

SECOND LAQUAIS. – Non, Monsieur.

MONSIEUR JOURDAIN. – Ce maudit tailleur me fait bien attendre pour un jour où j'ai tant d'affaires. J'enrage. Que la fièvre quartaine[2] puisse serrer bien fort le bourreau[3] de tailleur ! Au diable le tailleur ! La peste étouffe le tailleur ! Si je le tenais maintenant, ce tailleur détestable, ce chien de tailleur-là, ce traître de tailleur, je[4]...

Scène 5

MAÎTRE TAILLEUR, GARÇON TAILLEUR, *portant l'habit de Monsieur Jourdain*, MONSIEUR JOURDAIN, LAQUAIS

MONSIEUR JOURDAIN. – Ah vous voilà ! je m'allais mettre en colère contre vous.

---

1. Monsieur Jourdain prend plaisir à cette idée car c'est une caractéristique de l'aristocratie que de connaître les choses sans jamais les avoir étudiées vraiment, uniquement par la conversation et l'imprégnation de la bonne compagnie.

2. La fièvre quarte est celle qui revient tous les quatre jours. L'expression « fièvre quartaine » était habituelle pour maudire quelqu'un.

3. Au sens figuré, courant au XVIIe siècle : cruel, inhumain.

4. Monsieur Jourdain a bien expliqué qu'il était très colérique et ne voulait pas changer (voir p. 59 et note 3).

MAÎTRE TAILLEUR. – Je n'ai pas pu venir plus tôt, et j'ai mis vingt garçons [1] après votre habit.

MONSIEUR JOURDAIN. – Vous m'avez envoyé des bas de soie si étroits que j'ai eu toutes les peines du monde à les mettre, et il y a déjà deux mailles de rompues.

MAÎTRE TAILLEUR. – Ils ne s'élargiront que trop.

MONSIEUR JOURDAIN. – Oui, si je romps toujours des mailles. Vous m'avez aussi fait faire des souliers qui me blessent furieusement.

MAÎTRE TAILLEUR. – Point du tout, Monsieur.

MONSIEUR JOURDAIN. – Comment, point du tout ?

MAÎTRE TAILLEUR. – Non, ils ne vous blessent point.

MONSIEUR JOURDAIN. – Je vous dis qu'ils me blessent, moi [2].

MAÎTRE TAILLEUR. – Vous vous imaginez cela.

MONSIEUR JOURDAIN. – Je me l'imagine, parce que je le sens. Voyez la belle raison !

MAÎTRE TAILLEUR. – Tenez, voilà le plus bel habit de la cour, et le mieux assorti. C'est un chef-d'œuvre que d'avoir inventé un habit sérieux qui ne fût pas noir ; et je le donne en six coups aux tailleurs les plus éclairés [3].

MONSIEUR JOURDAIN. – Qu'est-ce que c'est que ceci ? Vous avez mis les fleurs en enbas [4].

---

1. « On appelle aussi *garçons* ceux qui dans les boutiques des marchands et des artisans travaillent sous les maîtres » (*Académie*).
2. Si Monsieur Jourdain parle si mal au maître tailleur, c'est sans doute parce que le rang social de tailleur est tout juste inférieur, dans la hiérarchie des artisans et commerçants, à celui de drapier.
3. Expression figée qui veut dire : je mets au défi les tailleurs les plus éclairés de faire aussi bien.
4. L'expression, assez rare, signifie « à l'envers » plutôt qu'« en bas » : les broderies du costume de Monsieur Jourdain sont à l'envers.

MAÎTRE TAILLEUR. – Vous ne m'aviez pas dit que vous les vouliez en enhaut [1].

MONSIEUR JOURDAIN. – Est-ce qu'il faut dire cela ?

MAÎTRE TAILLEUR. – Oui, vraiment. Toutes les personnes de qualité les portent de la sorte.

MONSIEUR JOURDAIN. – Les personnes de qualité portent les fleurs en enbas ?

MAÎTRE TAILLEUR. – Oui, Monsieur [2].

MONSIEUR JOURDAIN. – Oh ! voilà qui est donc bien.

MAÎTRE TAILLEUR. – Si vous voulez, je les mettrai en enhaut.

MONSIEUR JOURDAIN. – Non, non.

MAÎTRE TAILLEUR. – Vous n'avez qu'à dire.

MONSIEUR JOURDAIN. – Non, vous dis-je ; vous avez bien fait. Croyez-vous que l'habit m'aille bien ?

MAÎTRE TAILLEUR. – Belle demande ! Je défie un peintre, avec son pinceau, de vous faire rien de plus juste. J'ai chez moi un garçon qui, pour monter une rhingrave [3], est le plus grand génie du monde ; et un autre qui, pour assembler un pourpoint [4], est le héros de notre temps.

MONSIEUR JOURDAIN. – La perruque et les plumes sont-elles comme il faut ?

MAÎTRE TAILLEUR. – Tout est bien.

MONSIEUR JOURDAIN, *en regardant l'habit du tailleur.* – Ah ! ah ! Monsieur le tailleur, voilà de mon étoffe du dernier habit que vous m'avez fait. Je la reconnais bien.

---

1. Ce qui signifie : à l'endroit.
2. C'est évidemment un mensonge éhonté.
3. « Espèce de culotte ou haut-de-chausses fort ample, attaché par le bas avec plusieurs rubans » (*Académie*, 1798).
4. « Partie d'un habit d'homme qui couvre le corps depuis le cou jusque vers la ceinture » (*Académie*).

MAÎTRE TAILLEUR. – C'est que l'étoffe me sembla si belle, que j'en ai voulu lever [1] un habit pour moi.

MONSIEUR JOURDAIN. – Oui, mais il ne fallait pas le lever avec le mien [2].

MAÎTRE TAILLEUR. – Voulez-vous mettre votre habit ?

MONSIEUR JOURDAIN. – Oui, donnez-moi.

MAÎTRE TAILLEUR. – Attendez. Cela ne va pas comme cela. J'ai amené des gens pour vous habiller en cadence, et ces sortes d'habits se mettent avec cérémonie. Holà ! entrez, vous autres. Mettez cet habit à Monsieur, de la manière que vous faites aux personnes de qualité [3].

> *Quatre garçons tailleurs entrent, dont deux lui arrachent le haut-de-chausses [4] de ses exercices, et deux autres la camisole [5] ; puis ils lui mettent son habit neuf ; et Monsieur Jourdain se promène entre eux, et leur montre son habit, pour voir s'il est bien. Le tout à la cadence de toute la symphonie.*

GARÇON TAILLEUR. – Mon gentilhomme [6], donnez, s'il vous plaît, aux garçons quelque chose pour boire [7].

MONSIEUR JOURDAIN. – Comment m'appelez-vous ?

GARÇON TAILLEUR. – Mon gentilhomme.

1. « *Lever* signifie aussi prendre et couper sur une pièce d'étoffe. *Lever quatre aunes d'étoffe* » (*Académie*).
2. Le tailleur a bien sûr prélevé du tissu sur la longueur payée par Monsieur Jourdain pour se faire un habit à lui-même. Cette pratique était probablement courante à l'époque, si l'on en croit les multiples édits qui réglementaient cette profession.
3. Autre mensonge éhonté du tailleur : les aristocrates ne s'habillaient certes pas en cadence.
4. Voir note 1, p. 40.
5. Voir note 2, p. 40.
6. Un gentilhomme est un noble de noblesse ancienne et prestigieuse.
7. C'est-à-dire un pourboire.

MONSIEUR JOURDAIN. – « Mon gentilhomme ! » Voilà ce que c'est de se mettre en personne de qualité. Allez-vous-en demeurer toujours habillé en bourgeois, on ne vous dira point : « Mon gentilhomme ». Tenez, voilà pour « Mon gentilhomme ».

GARÇON TAILLEUR. – Monseigneur [1], nous vous sommes bien obligés.

MONSIEUR JOURDAIN. – « Monseigneur », oh, oh ! « Monseigneur ! » Attendez, mon ami : « Monseigneur » mérite quelque chose et ce n'est pas une petite parole que « Monseigneur ». Tenez, voilà ce que Monseigneur vous donne.

GARÇON TAILLEUR. – Monseigneur, nous allons boire tous à la santé de Votre Grandeur [2].

MONSIEUR JOURDAIN. – « Votre Grandeur ! » Oh, oh, oh ! Attendez, ne vous en allez pas. À moi « Votre Grandeur ! » (*Bas, à part.*) Ma foi, s'il va jusqu'à l'Altesse [3], il aura toute la bourse. (*Haut.*) Tenez, voilà pour « Ma Grandeur ».

GARÇON TAILLEUR. – Monseigneur, nous la remercions très humblement de ses libéralités.

MONSIEUR JOURDAIN. – Il a bien fait : je lui allais tout donner.

> *Les quatre garçons tailleurs se réjouissent par une danse [4], qui fait le second intermède.*

---

1. Ce titre ne se donne qu'à un duc et pair, un évêque, un archevêque ou un maréchal de France.
2. « Votre Grandeur » se dit aux grands princes qui ne sont pas princes du sang ou souverains.
3. Ne se dit qu'aux rois et rimes.
4. Les garçons tailleurs dansent une gavotte : « Air de danse qui se bat à deux temps, qui commence en levant, dont les mesures ont un repos de quatre en quatre, qui est composé de deux reprises, et dont le mouvement est quelquefois vif et gai, quelquefois tendre et lent » (*Académie*).

ACTE III

Scène première

MONSIEUR JOURDAIN, LAQUAIS

MONSIEUR JOURDAIN. – Suivez-moi, que j'aille un peu montrer mon habit par la ville ; et surtout ayez soin tous deux de marcher immédiatement sur mes pas, afin qu'on voie bien que vous êtes à moi.

LAQUAIS. – Oui, Monsieur.

MONSIEUR JOURDAIN. – Appelez-moi Nicole, que je lui donne quelques ordres. Ne bougez[1], la voilà.

Scène 2

NICOLE, MONSIEUR JOURDAIN, LAQUAIS

MONSIEUR JOURDAIN. – Nicole !

NICOLE. – Plaît-il ?

MONSIEUR JOURDAIN. – Écoutez.

NICOLE. – Hi, hi, hi, hi, hi[2] !

MONSIEUR JOURDAIN. – Qu'as-tu à rire ?

---

1. Mis pour : « Ne bougez pas ». Construction courante au XVIIe siècle.
2. Cette scène de fou rire exploitait le rire très communicatif de Mademoiselle Beauval, qui créa le rôle de Nicole. Elle avait de très belles dents, disait-on.

NICOLE. – Hi, hi, hi, hi, hi, hi !

MONSIEUR JOURDAIN. – Que veut dire cette coquine-là ?

NICOLE. – Hi, hi, hi. Comme vous voilà bâti [1] ! Hi, hi, hi !

MONSIEUR JOURDAIN. – Comment donc ?

NICOLE. – Ah, ah ! mon Dieu ! Hi, hi, hi, hi, hi !

MONSIEUR JOURDAIN. – Quelle friponne est-ce là ! Te moques-tu de moi ?

NICOLE. – Nenni [2], Monsieur, j'en serais bien fâchée. Hi, hi, hi, hi, hi, hi !

MONSIEUR JOURDAIN. – Je te baillerai [3] sur le nez, si tu ris davantage.

NICOLE. – Monsieur, je ne puis pas m'en empêcher. Hi, hi, hi, hi, hi, hi !

MONSIEUR JOURDAIN. – Tu ne t'arrêteras pas ?

NICOLE. – Monsieur, je vous demande pardon ; mais vous êtes si plaisant [4], que je ne saurais me tenir de rire. Hi, hi, hi !

MONSIEUR JOURDAIN. – Mais voyez quelle insolence !

NICOLE. – Vous êtes tout à fait drôle comme cela. Hi, hi !

MONSIEUR JOURDAIN. – Je te…

NICOLE. – Je vous prie de m'excuser. Hi, hi, hi, hi !

MONSIEUR JOURDAIN. – Tiens, si tu ris encore le moins du monde, je te jure que je t'appliquerai sur la joue le plus grand soufflet qui se soit jamais donné.

1. Ici : vêtu.
2. « Nenni » signifie « non ».
3. Ce qui veut dire : Je te donnerai un coup.
4. Ici : si drôle.

NICOLE. – Hé bien, Monsieur, voilà qui est fait, je ne rirai plus.

MONSIEUR JOURDAIN. – Prends-y bien garde. Il faut que pour tantôt tu nettoies…

NICOLE. – Hi, hi !

MONSIEUR JOURDAIN. – Que tu nettoies comme il faut…

NICOLE. – Hi, hi !

MONSIEUR JOURDAIN. – Il faut, dis-je, que tu nettoies la salle, et…

NICOLE. – Hi, hi !

MONSIEUR JOURDAIN. – Encore !

NICOLE. – Tenez, Monsieur, battez-moi plutôt et me laissez rire tout mon soûl, cela me fera plus de bien. Hi, hi, hi, hi, hi !

MONSIEUR JOURDAIN. – J'enrage.

NICOLE. – De grâce, Monsieur, je vous prie de me laisser rire. Hi, hi, hi !

MONSIEUR JOURDAIN. – Si je te prends…

NICOLE. – Monsieur… eur, je crèverai… ai [1], si je ne ris. Hi, hi, hi !

MONSIEUR JOURDAIN. – Mais a-t-on jamais vu une pendarde [2] comme celle-là ? qui me vient rire insolemment au nez, au lieu de recevoir mes ordres ?

NICOLE. – Que voulez-vous que je fasse, Monsieur ?

MONSIEUR JOURDAIN. – Que tu songes, coquine, à préparer ma maison pour la compagnie qui doit venir tantôt.

---

1. Nicole, prise par le fou rire, hoquette et bégaie. Nous ajoutons les points de suspension, absents de l'édition originale.
2. Insulte signifiant « coquine » (littéralement, « bonne à pendre »).

NICOLE. – Ah, par ma foi ! je n'ai plus envie de rire ; et toutes vos compagnies font tant de désordre céans[1] que ce mot est assez pour me mettre en mauvaise humeur.

MONSIEUR JOURDAIN. – Ne dois-je point pour toi fermer ma porte à tout le monde ?

NICOLE. – Vous devriez au moins la fermer à certaines gens.

Scène 3

MADAME JOURDAIN, MONSIEUR JOURDAIN, NICOLE, LAQUAIS

MADAME JOURDAIN. – Ah ! ah ! voici une nouvelle histoire. Qu'est-ce que c'est donc, mon mari, que cet équipage-là ? Vous moquez-vous du monde, de vous être fait enharnacher[2] de la sorte ? et avez-vous envie qu'on se raille partout de vous ?

MONSIEUR JOURDAIN. – Il n'y a que des sots et des sottes, ma femme, qui se railleront de moi.

MADAME JOURDAIN. – Vraiment on n'a pas attendu jusqu'à cette heure, et il y a longtemps que vos façons de faire donnent à rire à tout le monde.

MONSIEUR JOURDAIN. – Qui est donc tout ce monde-là, s'il vous plaît ?

MADAME JOURDAIN. – Tout ce monde-là est un monde qui a raison, et qui est plus sage que vous. Pour moi, je suis scandalisée de la vie que vous menez. Je ne sais plus ce que c'est que notre maison : on dirait qu'il est céans carême-prenant[3] tous les jours ; et dès le matin, de peur

---

1. Voir note 4, p. 48.
2. Ce qui veut dire : faire mettre un harnais, comme à un cheval.
3. Ancien nom du Mardi gras.

d'y manquer, on y entend des vacarmes de violons et de chanteurs, dont tout le voisinage se trouve incommodé.

NICOLE. – Madame parle bien. Je ne saurais plus voir mon ménage propre, avec cet attirail de gens que vous faites venir chez vous. Ils ont des pieds qui vont chercher de la boue dans tous les quartiers de la ville, pour l'apporter ici ; et la pauvre Françoise est presque sur les dents, à frotter les planchers que vos biaux[1] maîtres viennent crotter régulièrement tous les jours.

MONSIEUR JOURDAIN. – Ouais[2], notre servante Nicole, vous avez le caquet bien affilé[3] pour une paysanne.

MADAME JOURDAIN. – Nicole a raison et son sens[4] est meilleur que le vôtre. Je voudrais bien savoir ce que vous pensez faire d'un maître à danser à l'âge que vous avez.

NICOLE. – Et d'un grand maître tireur d'armes, qui vient, avec ses battements de pied, ébranler toute la maison, et nous déraciner tous les carriaux[5] de notre salle[6] ?

MONSIEUR JOURDAIN. – Taisez-vous, ma servante, et ma femme.

MADAME JOURDAIN. – Est-ce que vous voulez apprendre à danser pour quand vous n'aurez plus de jambes ?

NICOLE – Est-ce que vous avez envie de tuer quelqu'un ?

---

1. Prononciation populaire de « beaux ».

2. « Ouais » était au XVIIᵉ siècle une interjection de désapprobation un peu hautaine, signifiant à peu près : je ne pense pas un mot de ce que vous dites.

3. Caquet : babil, bavardage. « On dit figurément d'une personne qui parle facilement et beaucoup, qui a beaucoup de babil, qu'elle a la langue bien affilée. Il est du style familier » (*Académie*).

4. C'est-à-dire son bon sens, sa faculté de raisonnement.

5. Prononciation populaire de « carreaux ».

6. On appelait « salle » la plus grande pièce d'une maison : c'est donc notre moderne « salon ».

MONSIEUR JOURDAIN. – Taisez-vous, vous dis-je : vous êtes des ignorantes l'une et l'autre, et vous ne savez pas les prérogatives de tout cela.

MADAME JOURDAIN. – Vous devriez plutôt songer à marier votre fille, qui est en âge d'être pourvue.

MONSIEUR JOURDAIN. – Je songerai à marier ma fille quand il se présentera un parti pour elle ; mais je veux songer aussi à apprendre les belles choses.

NICOLE. – J'ai encore ouï dire, Madame, qu'il a pris aujourd'hui, pour renfort de potage [1], un maître de philosophie.

MONSIEUR JOURDAIN. – Fort bien : je veux avoir de l'esprit, et savoir raisonner des choses parmi les honnêtes gens.

MADAME JOURDAIN. – N'irez-vous point l'un de ces jours au collège vous faire donner le fouet, à votre âge ?

MONSIEUR JOURDAIN. – Pourquoi non ? Plût à Dieu l'avoir tout à l'heure, le fouet, devant tout le monde, et savoir ce qu'on apprend au collège [2] !

NICOLE. – Oui, ma foi ! cela vous rendrait la jambe bien mieux faite [3].

MONSIEUR JOURDAIN. – Sans doute.

MADAME JOURDAIN. – Tout cela est fort nécessaire pour conduire votre maison.

MONSIEUR JOURDAIN. – Assurément. Vous parlez toutes deux comme des bêtes, et j'ai honte de votre ignorance. (*À Madame Jourdain.*) Par exemple savez-vous, vous, ce que c'est que vous dites à cette heure ?

---

1. Expression synonyme de « par-dessus le marché ».
2. Il y a une grande confusion dans l'esprit de Monsieur Jourdain sur l'éducation aristocratique. La fréquentation des collèges était une pratique beaucoup plus bourgeoise qu'aristocratique.
3. Ancêtre de l'expression « ça vous ferait une belle jambe ».

MADAME JOURDAIN. – Oui, je sais que ce que je dis est fort bien dit, et que vous devriez songer à vivre d'autre sorte.

MONSIEUR JOURDAIN. – Je ne parle pas de cela. Je vous demande ce que c'est que les paroles que vous dites ici.

MADAME JOURDAIN. – Ce sont des paroles bien sensées, et votre conduite ne l'est guère.

MONSIEUR JOURDAIN. – Je ne parle pas de cela, vous dis-je. Je vous demande : ce que je parle avec vous, ce que je vous dis à cette heure, qu'est-ce que c'est ?

MADAME JOURDAIN. – Des chansons.

MONSIEUR JOURDAIN. – Hé non ! ce n'est pas cela. Ce que nous disons tous deux, le langage que nous parlons à cette heure ?

MADAME JOURDAIN. – Hé bien ?

MONSIEUR JOURDAIN. – Comment est-ce que cela s'appelle ?

MADAME JOURDAIN. – Cela s'appelle comme on veut l'appeler.

MONSIEUR JOURDAIN. – C'est de la prose, ignorante.

MADAME JOURDAIN. – De la prose ?

MONSIEUR JOURDAIN. – Oui, de la prose. Tout ce qui est prose n'est point vers ; et tout ce qui n'est point vers n'est point prose. Heu [1], voilà ce que c'est d'étudier (*À Nicole.*) Et toi, sais-tu bien comme il faut faire pour dire un U ?

NICOLE. – Comment ?

---

1. Équivalent du « Hein ! » moderne. C'est une expression de défi plus que d'hésitation : Monsieur Jourdain est fier de son savoir estropié (« Ça vous épate, hein ! »).

MONSIEUR JOURDAIN. – Oui. Qu'est-ce que tu fais quand tu dis un U ?

NICOLE. – Quoi ?

MONSIEUR JOURDAIN. – Dis un peu U, pour voir !

NICOLE. – Hé bien, U.

MONSIEUR JOURDAIN. – Qu'est-ce que tu fais ?

NICOLE. – Je dis U.

MONSIEUR JOURDAIN. – Oui, mais quand tu dis U, qu'est-ce que tu fais ?

NICOLE. – Je fais ce que vous me dites.

MONSIEUR JOURDAIN. – Ô l'étrange chose que d'avoir affaire à des bêtes ! Tu allonges les lèvres en dehors et approches la mâchoire d'en haut de celle d'en bas : U, vois-tu ? U. Je fais la moue : U.

NICOLE. – Oui, cela est biau.

MADAME JOURDAIN. – Voilà qui est admirable.

MONSIEUR JOURDAIN. – C'est bien autre chose, si vous aviez vu O, et Da, Da, et Fa, Fa.

MADAME JOURDAIN. – Qu'est-ce que c'est donc que tout ce galimatias-là [1] ?

NICOLE. – De quoi est-ce que tout cela guérit [2] ?

MONSIEUR JOURDAIN. – J'enrage quand je vois des femmes ignorantes.

MADAME JOURDAIN. – Allez, vous devriez envoyer promener tous ces gens-là, avec leurs fariboles.

NICOLE. – Et surtout ce grand escogriffe de maître d'armes, qui remplit de poudre [3] tout mon ménage.

---

1. « Discours embrouillé et confus qui semble dire quelque chose et ne dit rien » (*Académie*).
2. Nicole prend tout cela pour des formules magiques.
3. Poussière.

MONSIEUR JOURDAIN. – Ouais [1], ce maître d'armes vous tient fort au cœur. Je te veux faire voir ton impertinence tout à l'heure. (*Il fait apporter les fleurets et en donne un à Nicole.*) Tiens. Raison démonstrative, la ligne du corps. Quand on pousse en quarte, on n'a qu'à faire cela, et quand on pousse en tierce, on n'a qu'à faire cela. Voilà le moyen de n'être jamais tué ; et cela n'est-il pas beau d'être assuré de son fait, quand on se bat contre quelqu'un ? Là, pousse-moi [2] un peu pour voir.

NICOLE. – Hé bien, quoi ?

Nicole lui pousse plusieurs coups.

MONSIEUR JOURDAIN. – Tout beau, holà, oh ! doucement. Diantre [3] soit la coquine.

NICOLE. – Vous me dites de pousser.

MONSIEUR JOURDAIN. – Oui ; mais tu me pousses en tierce, avant que de pousser en quarte, et tu n'as pas la patience que je pare.

MADAME JOURDAIN. – Vous êtes fou, mon mari, avec toutes vos fantaisies, et cela vous est venu depuis que vous vous mêlez de hanter [4] la noblesse.

MONSIEUR JOURDAIN. – Lorsque je hante la noblesse, je fais paraître mon jugement [5], et cela est plus beau que de hanter votre bourgeoisie.

MADAME JOURDAIN. – Çamon [6] vraiment ! il y a fort à gagner à fréquenter vos nobles, et vous avez bien opéré

---

1. Voir note 2, p. 74.
2. Ce qui veut dire : porte-moi quelques coups.
3. Voir note 1, p. 57.
4. Ici : fréquenter.
5. Autrement dit : je montre que j'ai du bon sens.
6. Expression populaire qui raccourcit et déforme la phrase « C'est mon avis » toujours ironiquement.

avec ce beau Monsieur le comte dont vous vous êtes embéguiné[1].

MONSIEUR JOURDAIN. – Paix ! Songez à ce que vous dites. Savez-vous bien, ma femme, que vous ne savez pas de qui vous parlez quand vous parlez de lui ? C'est une personne d'importance plus que vous ne pensez, un seigneur que l'on considère à la cour, et qui parle au roi tout comme je vous parle. N'est-ce pas une chose qui m'est tout à fait honorable, que l'on voie venir chez moi si souvent une personne de cette qualité, qui m'appelle son cher ami, et me traite comme si j'étais son égal ? Il a pour moi des bontés qu'on ne devinerait jamais[2] ; et, devant tout le monde, il me fait des caresses dont je suis moi-même confus.

MADAME JOURDAIN. – Oui, il a des bontés pour vous, et vous fait des caresses ; mais il vous emprunte votre argent. → *friendly to Jourdain to take his money*

MONSIEUR JOURDAIN. – Hé bien ! ne m'est-ce pas de l'honneur, de prêter de l'argent à un homme de cette condition-là ? et puis-je faire moins pour un seigneur qui m'appelle son cher ami ?

MADAME JOURDAIN. – Et ce seigneur, que fait-il pour vous ?

MONSIEUR JOURDAIN. – Des choses dont on serait étonné, si on les savait.

MADAME JOURDAIN. – Et quoi ?

---

1. Ce qui signifie : pour qui vous avez le béguin. Molière utilise alternativement deux adjectifs pour désigner l'attitude obsessionnelle de ses personnages de maniaque : *entêté* (par exemple *Le Tartuffe*, acte Ier, scène 2) et *embéguiné* (par exemple *Le Malade imaginaire*, acte III, scène 3).
2. Monsieur Jourdain fait allusion au fait que Dorante joue le rôle d'entremetteur entre Dorimène et lui (du moins le croit-il).

MONSIEUR JOURDAIN. – Baste, je ne puis pas m'expliquer. Il suffit que si je lui ai prêté de l'argent, il me le rendra bien, et avant qu'il soit peu.

MADAME JOURDAIN. – Oui, attendez-vous à cela.

MONSIEUR JOURDAIN. – Assurément : ne me l'a-t-il pas dit ?

MADAME JOURDAIN. – Oui, oui : il ne manquera pas d'y faillir.

MONSIEUR JOURDAIN. – Il m'a juré sa foi de gentilhomme.

MADAME JOURDAIN. – Chansons.

MONSIEUR JOURDAIN. – Ouais, vous êtes bien obstinée, ma femme. Je vous dis qu'il tiendra parole, j'en suis sûr.

MADAME JOURDAIN. – Et moi, je suis sûre que non, et que toutes les caresses qu'il vous fait ne sont que pour vous enjôler.

MONSIEUR JOURDAIN. – Taisez-vous : le voici.

MADAME JOURDAIN. – Il ne nous faut plus que cela. Il vient peut-être encore vous faire quelque emprunt ; et il me semble que j'ai dîné quand je le vois [1].

MONSIEUR JOURDAIN. – Taisez-vous, vous dis-je.

---

1. « On dit, quand on voit quelque chose qui déplaît : Il me semble que j'ai dîné » (Furetière). Madame Jourdain parle par proverbes ; cette caractéristique de la culture bourgeoise du XVIIᵉ siècle l'oppose brutalement à la culture mondaine et aristocratique, pour laquelle il s'agit d'une grosse faute de goût. Voir la Présentation, p. 22-23.

Scène 4

DORANTE, MONSIEUR JOURDAIN, MADAME JOURDAIN, NICOLE

DORANTE. – Mon cher ami, Monsieur Jourdain[1], comment vous portez-vous ?

MONSIEUR JOURDAIN. – Fort bien, Monsieur, pour vous rendre mes petits services.

DORANTE. – Et Madame Jourdain que voilà, comment se porte-t-elle ?

MADAME JOURDAIN. – Madame Jourdain se porte comme elle peut.

DORANTE. – Comment, Monsieur Jourdain ? vous voilà le plus propre[2] du monde !

MONSIEUR JOURDAIN. – Vous voyez.

DORANTE. – Vous avez tout à fait bon air avec cet habit, et nous n'avons point de jeunes gens à la cour qui soient mieux faits que vous.

MONSIEUR JOURDAIN. – Hay, hay[3].

MADAME JOURDAIN, *à part*. – Il le gratte par où il se démange.

DORANTE. – Tournez-vous. Cela est tout à fait galant.

MADAME JOURDAIN. – Oui, aussi sot par-derrière que par-devant.

---

1. Selon les règles de politesse, on n'appelle par leur nom que les inférieurs. Si Dorante considérait effectivement Monsieur Jourdain comme son égal, il l'appellerait « Monsieur ». Voir notamment *George Dandin*, I, 4, et *Dom Juan*, IV, 3.

2. Ici : beau, élégant.

3. Cette onomatopée mime probablement un petit rire de satisfaction.

DORANTE. – Ma foi ! Monsieur Jourdain, j'avais une impatience étrange [1] de vous voir. Vous êtes l'homme du monde que j'estime le plus, et je parlais de vous encore ce matin dans la chambre du roi.

MONSIEUR JOURDAIN. – Vous me faites beaucoup d'honneur, Monsieur. (*À Madame Jourdain.*) Dans la chambre du roi !

DORANTE. – Allons, mettez [2]…

MONSIEUR JOURDAIN. – Monsieur, je sais le respect que je vous dois.

DORANTE. – Mon Dieu ! mettez : point de cérémonie entre nous, je vous prie.

MONSIEUR JOURDAIN. – Monsieur…

DORANTE. – Mettez, vous dis-je, Monsieur Jourdain : vous êtes mon ami.

MONSIEUR JOURDAIN. – Monsieur, je suis votre serviteur.

DORANTE. – Je ne me couvrirai point, si vous ne vous couvrez.

MONSIEUR JOURDAIN. – J'aime mieux être incivil qu'importun [3].

DORANTE. – Je suis votre débiteur, comme vous le savez.

MADAME JOURDAIN. – Oui, nous ne le savons que trop.

DORANTE. – Vous m'avez généreusement prêté de l'argent en plusieurs occasions, et vous m'avez obligé de la meilleure grâce du monde, assurément.

---

1. Au sens d'« extraordinaire » (et non pas « incompréhensible »).
2. On disait « mettez » pour abréger « remettez votre chapeau ». Dorante donne la permission à Monsieur Jourdain de se couvrir.
3. Sur la résistance de Monsieur Jourdain et sur cette dernière expression, voir le Dossier, p. 170.

MONSIEUR JOURDAIN. – Monsieur, vous vous moquez [1].

DORANTE. – Mais je sais rendre ce qu'on me prête, et reconnaître les plaisirs qu'on me fait.

MONSIEUR JOURDAIN. – Je n'en doute point, Monsieur.

DORANTE. – Je veux sortir d'affaire avec vous, et je viens ici pour faire nos comptes ensemble.

MONSIEUR JOURDAIN. – Hé bien ! vous voyez votre impertinence, ma femme.

DORANTE. – Je suis homme qui aime à m'acquitter le plus tôt que je puis.

MONSIEUR JOURDAIN. – Je vous le disais bien.

DORANTE. – Voyons un peu ce que je vous dois.

MONSIEUR JOURDAIN. – Vous voilà, avec vos soupçons ridicules.

DORANTE. – Vous souvenez-vous bien de tout l'argent que vous m'avez prêté ?

MONSIEUR JOURDAIN. – Je crois que oui. J'en ai fait un petit mémoire [2]. Le voici. Donné à vous une fois deux cents louis.

DORANTE. – Cela est vrai.

MONSIEUR JOURDAIN. – Une autre fois, six-vingts [3].

DORANTE. – Oui.

MONSIEUR JOURDAIN. – Et une autre fois, cent quarante.

---

1. Voir le Dossier, p. 171.
2. « Écrit pour instruire, pour faire ressouvenir de quelque chose. [...] Il se prend aussi pour état sommaire : mémoire de frais, de dépens » (*Académie*).
3. Cent vingt (six fois vingt).

DORANTE. – Vous avez raison.

MONSIEUR JOURDAIN. – Ces trois articles font quatre cent soixante louis, qui valent cinq mille soixante livres.

DORANTE. – Le compte est fort bon. Cinq mille soixante livres.

MONSIEUR JOURDAIN. – Mille huit cent trente-deux livres à votre plumassier [1].

DORANTE. – Justement.

MONSIEUR JOURDAIN. – Deux mille sept cent quatre-vingts livres à votre tailleur.

DORANTE. – Il est vrai.

MONSIEUR JOURDAIN. – Quatre mille trois cent septante-neuf livres douze sols huit deniers à votre marchand.

DORANTE. – Fort bien. Douze sols huit deniers : le compte est juste.

MONSIEUR JOURDAIN. – Et mille sept cent quarante-huit livres sept sols quatre deniers à votre sellier [2].

 DORANTE. – Tout cela est véritable. Qu'est-ce que cela fait ?

MONSIEUR JOURDAIN. – Somme totale, quinze mille huit cents livres.

DORANTE. – Somme totale et juste : quinze mille huit cents livres. Mettez encore deux cents pistoles que vous m'allez donner, cela fera justement dix-huit mille francs [3], que je vous paierai au premier jour.

---

1. Marchand de plumes (notamment pour les chapeaux).
2. L'artisan qui fabrique les selles et harnais des chevaux.
3. La somme totale est énorme ; elle représente environ 50 000 euros d'aujourd'hui (si la conversion a un sens étant donné les grands changements du système économique intervenus depuis). Les deux cents pistoles demandées pour le dernier emprunt représentent 8 000 euros environ.

MADAME JOURDAIN. – Hé bien ! ne l'avais-je pas bien deviné ?

MONSIEUR JOURDAIN. – Paix !

DORANTE. – Cela vous incommodera-t-il, de me donner ce que je vous dis ?

MONSIEUR JOURDAIN. – Eh non !

MADAME JOURDAIN. – Cet homme-là fait de vous une vache à lait.

MONSIEUR JOURDAIN. – Taisez-vous.

DORANTE. – Si cela vous incommode, j'en irai chercher ailleurs.

MONSIEUR JOURDAIN. – Non, Monsieur.

MADAME JOURDAIN. – Il ne sera pas content, qu'il ne vous ait ruiné.

MONSIEUR JOURDAIN. – Taisez-vous, vous dis-je.

DORANTE. – Vous n'avez qu'à me dire si cela vous embarrasse.

MONSIEUR JOURDAIN. – Point, Monsieur.

MADAME JOURDAIN. – C'est un vrai enjôleux [1].

MONSIEUR JOURDAIN. – Taisez-vous donc.

MADAME JOURDAIN. – Il vous sucera jusqu'au dernier sou.

MONSIEUR JOURDAIN. – Vous tairez-vous ?

DORANTE. – J'ai force gens qui m'en prêteraient avec joie ; mais, comme vous êtes mon meilleur ami, j'ai cru que je vous ferais tort si j'en demandais à quelque autre.

MONSIEUR JOURDAIN. – C'est trop d'honneur, Monsieur, que vous me faites. Je vais quérir votre affaire.

1. Masculin d'« enjôleuse », qui est plus utilisé.

MADAME JOURDAIN. – Quoi ? vous allez encore lui donner cela ?

MONSIEUR JOURDAIN. – Que faire ? Voulez-vous que je refuse un homme de cette condition-là, qui a parlé de moi ce matin dans la chambre du roi ?

MADAME JOURDAIN. – Allez, vous êtes une vraie dupe.

Scène 5

DORANTE, MADAME JOURDAIN, NICOLE

DORANTE. – Vous me semblez toute mélancolique : qu'avez-vous, Madame Jourdain ?

MADAME JOURDAIN. – J'ai la tête plus grosse que le poing et si elle n'est pas enflée [1].

DORANTE. – Mademoiselle votre fille, où est-elle, que je ne la vois point ?

MADAME JOURDAIN. – Mademoiselle ma fille est bien où elle est.

DORANTE. – Comment se porte-t-elle ?

MADAME JOURDAIN. – Elle se porte sur ses deux jambes.

DORANTE. – Ne voulez-vous point, un de ces jours, venir voir, avec elle, le ballet et la comédie que l'on fait chez le roi [2] ?

---

1. « Proverbialement et bassement, lorsqu'un homme qui paraît rêveur, et à qui on demande ce qu'il a, ne veut point répondre précisément, il dit qu'il a la tête plus grosse que le poing ; et ajoute ordinairement : "Et si elle n'est pas enflée" » (*Académie*).
2. Dorante cherche à tout prix à ouvrir avec Madame Jourdain un échange « galant » (sur son humeur, la beauté de sa fille, les divertissements de la cour), voué à l'échec étant donné les habitudes de franchise bourgeoise de la dame.

MADAME JOURDAIN. – Oui, vraiment, nous avons fort envie de rire, fort envie de rire nous avons[1].

DORANTE. – Je pense, Madame Jourdain, que vous avez eu bien des amants, dans votre jeune âge, belle et d'agréable humeur comme vous étiez.

MADAME JOURDAIN. – Tredame[2], Monsieur, est-ce que Madame Jourdain est décrépite, et la tête lui grouille-t-elle déjà[3] ?

DORANTE. – Ah ! ma foi ! Madame Jourdain, je vous demande pardon. Je ne songeais pas que vous êtes jeune, et je rêve le plus souvent. Je vous prie d'excuser mon impertinence[4].

Scène 6

MONSIEUR JOURDAIN, MADAME JOURDAIN, DORANTE, NICOLE

MONSIEUR JOURDAIN. – Voilà deux cents louis bien comptés[5].

DORANTE. – Je vous assure, Monsieur Jourdain, que je suis tout à vous, et que je brûle de vous rendre un service à la cour.

---

1. Reprise avec inversion qui imite le langage populaire. Voir *Dom Juan*, II, 1 : « PIERROT. – Comme dit l'autre, je les ai avisés le premier, avisés le premier je les ai. »
2. Abréviation de : « Notre-Dame ! ».
3. Ce qui signifie : tremble-t-elle déjà ? Madame Jourdain a refusé d'entrer dans le jeu galant de Dorante mais, fine mouche, elle relève et punit la moindre infraction de Dorante au code galant en question : on ne parle pas de son « jeune âge » à une dame, supposée par convention galante être éternellement jeune.
4. Une impertinence est, dans le contexte du XVIIᵉ siècle, un propos inadapté, et pas nécessairement une parole de manque de respect d'un inférieur à un supérieur.
5. « Pistole » et « louis » sont synonymes : c'est bien la somme demandée par Dorante.

MONSIEUR JOURDAIN. – Je vous suis trop obligé.

DORANTE. – Si Madame Jourdain veut voir le divertissement royal, je lui ferai donner les meilleures places de la salle.

MADAME JOURDAIN. – Madame Jourdain vous baise les mains [1].

DORANTE, *bas, à Monsieur Jourdain*. – Notre belle marquise, comme je vous ai mandé [2] par mon billet, viendra tantôt ici pour le ballet [3] et le repas, et je l'ai fait consentir enfin au cadeau [4] que vous lui voulez donner.

MONSIEUR JOURDAIN. – Tirons-nous [5] un peu plus loin, pour cause [6].

DORANTE. – Il y a huit jours que je ne vous ai vu, et je ne vous ai point mandé de nouvelles du diamant que vous me mîtes entre les mains pour lui en faire présent de votre part ; mais c'est que j'ai eu toutes les peines du monde à vaincre son scrupule, et ce n'est que d'aujourd'hui qu'elle s'est résolue à l'accepter.

MONSIEUR JOURDAIN. – Comment l'a-t-elle trouvé ?

DORANTE. – Merveilleux ; et je me trompe fort, ou la beauté de ce diamant fera pour vous sur son esprit un effet admirable.

MONSIEUR JOURDAIN. – Plût au Ciel !

MADAME JOURDAIN. – Quand il est une fois avec lui, il ne peut le quitter.

---

1. « On le dit aussi ironiquement, pour dire qu'on le remercie, et qu'on ne veut pas entendre à ce qu'il demande, à ce qu'il propose : *Ah ! pour cela je vous baise les mains, je n'en ferai rien* » (*Académie*, 1762).
2. Ce qui veut dire : comme je vous en ai informé.
3. Il s'agit du « Ballet des nations », qui clôt la comédie.
4. Au sens précis de « repas de fête ».
5. Mis pour « retirons-nous ».
6. Sous-entendu : pour que Madame Jourdain n'entende pas.

DORANTE. – Je lui ai fait valoir comme il faut la richesse de ce présent et la grandeur de votre amour.

MONSIEUR JOURDAIN. – Ce sont, Monsieur, des bontés qui m'accablent ; et je suis dans une confusion la plus grande du monde, de voir une personne de votre qualité s'abaisser pour moi à ce que vous faites.

DORANTE. – Vous moquez-vous ? est-ce qu'entre amis on s'arrête à ces sortes de scrupules ? et ne feriez-vous pas pour moi la même chose, si l'occasion s'en offrait ?

MONSIEUR JOURDAIN. – Oh ! assurément, et de très grand cœur.

MADAME JOURDAIN. – Que sa présence me pèse sur les épaules !

DORANTE. – Pour moi, je ne regarde rien [1] quand il faut servir un ami ; et lorsque vous me fîtes confidence de l'ardeur que vous aviez prise pour cette marquise agréable chez qui j'avais commerce, vous vîtes que d'abord [2] je m'offris de moi-même à servir votre amour.

MONSIEUR JOURDAIN. – Il est vrai, ce sont des bontés qui me confondent.

MADAME JOURDAIN. – Est-ce qu'il ne s'en ira point ?

NICOLE. – Ils se trouvent bien ensemble.

DORANTE. – Vous avez pris le bon biais pour toucher son cœur : les femmes aiment surtout les dépenses qu'on fait pour elles ; et vos fréquentes sérénades, et vos bouquets continuels, ce superbe feu d'artifice qu'elle trouva sur l'eau, le diamant qu'elle a reçu de votre part, et le cadeau que vous lui préparez, tout cela lui parle bien mieux en faveur de votre amour que toutes les paroles que vous auriez pu lui dire vous-même.

---

1. Autrement dit : je ne ménage pas mes efforts.
2. Ici : tout de suite.

MONSIEUR JOURDAIN. – Il n'y a point de dépenses que je ne fisse, si par là je pouvais trouver le chemin de son cœur. Une femme de qualité a pour moi des charmes ravissants, et c'est un honneur que j'achèterais au prix de toute chose.

MADAME JOURDAIN. – Que peuvent-ils tant dire ensemble ? Va-t'en un peu tout doucement prêter l'oreille.

DORANTE. – Ce sera tantôt que vous jouirez à votre aise du plaisir de sa vue, et vos yeux auront tout le temps de se satisfaire.

MONSIEUR JOURDAIN. – Pour être en pleine liberté, j'ai fait en sorte que ma femme ira dîner chez sa sœur, où elle passera toute l'après-dînée.

DORANTE. – Vous avez fait prudemment, et votre femme aurait pu nous embarrasser. J'ai donné pour vous l'ordre qu'il faut au cuisinier, et à toutes les choses qui sont nécessaires pour le ballet. Il est de mon invention ; et pourvu que l'exécution puisse répondre à l'idée [1], je suis sûr qu'il sera trouvé...

MONSIEUR JOURDAIN *s'aperçoit que Nicole écoute, et lui donne un soufflet.* – Ouais, vous êtes bien impertinente. Sortons, s'il vous plaît.

Scène 7

MADAME JOURDAIN, NICOLE

NICOLE. – Ma foi ! Madame, la curiosité m'a coûté quelque chose ; mais je crois qu'il y a quelque anguille sous roche, et ils parlent de quelque affaire où ils ne veulent pas que vous soyez.

---

1. C'est-à-dire : au projet.

MADAME JOURDAIN. – Ce n'est pas d'aujourd'hui, Nicole, que j'ai conçu des soupçons de mon mari. Je suis la plus trompée du monde, ou il y a quelque amour en campagne [1], et je travaille à découvrir ce que ce peut être. Mais songeons à ma fille [2]. Tu sais l'amour que Cléonte a pour elle. C'est un homme qui me revient, et je veux aider sa recherche [3], et lui donner Lucile, si je puis.

NICOLE. – En vérité, Madame, je suis la plus ravie du monde de vous voir dans ces sentiments ; car, si le maître vous revient, le valet ne me revient pas moins, et je souhaiterais que notre mariage se pût faire à l'ombre du leur.

MADAME JOURDAIN. – Va-t'en lui parler de ma part, et lui dire que tout à l'heure il me vienne trouver, pour faire ensemble à mon mari la demande de ma fille.

NICOLE. – J'y cours, Madame, avec joie, et je ne pouvais recevoir une commission plus agréable. Je vais, je pense, bien réjouir les gens.

Scène 8

CLÉONTE, COVIELLE, NICOLE

NICOLE. – Ah ! vous voilà tout à propos. Je suis une ambassadrice de joie, et je viens…

CLÉONTE. – Retire-toi, perfide, et ne me viens point amuser [4] avec tes traîtresses paroles.

NICOLE. – Est-ce ainsi que vous recevez… ?

1. Ce qui signifie : en cours, en train.
2. On note ici une rupture dramatique très brutale : la pièce passe d'un sujet – les projets de noblesse de Monsieur Jourdain – à un autre, qui est l'enjeu traditionnel de la comédie : le mariage des jeunes gens. Sur ce point, voir la Présentation, p. 24-25.
3. Mot habituel pour désigner les projets de mariage.
4. « Repaître de vaines espérances » (*Académie*).

CLÉONTE. – Retire-toi, te dis-je, et va-t'en dire de ce pas à ton infidèle maîtresse qu'elle n'abusera de sa vie le trop simple Cléonte.

NICOLE. – Quel vertigo [1] est-ce donc là ? Mon pauvre Covielle, dis-moi un peu ce que cela veut dire.

COVIELLE. – Ton pauvre Covielle, petite scélérate ! Allons vite, ôte-toi de mes yeux, vilaine, et me laisse en repos.

NICOLE. – Quoi ? tu me viens aussi…

COVIELLE. – Ôte-toi de mes yeux, te dis-je, et ne me parle de ta vie.

NICOLE. – Ouais ! Quelle mouche les a piqués tous deux ? Allons de cette belle histoire informer ma maîtresse.

Scène 9

CLÉONTE, COVIELLE

CLÉONTE. – Quoi ? traiter un amant de la sorte, et un amant le plus fidèle et le plus passionné de tous les amants ?

COVIELLE. – C'est une chose épouvantable, que ce qu'on nous fait à tous deux.

CLÉONTE. – Je fais voir pour une personne toute l'ardeur et toute la tendresse qu'on peut imaginer ; je n'aime rien au monde qu'elle, et je n'ai qu'elle dans l'esprit ; elle fait tous mes soins [2], tous mes désirs, toute ma joie ; je ne parle que d'elle, je ne pense qu'à elle, je

---

1. « Caprice, fantaisie » (*Académie*). Le mot est utilisé dans ce sens uniquement dans le registre burlesque.
2. « On dit *rendre des soins à quelqu'un*, pour dire le voir avec assiduité et lui faire sa cour » (*Académie*).

ne fais des songes que d'elle, je ne respire que par elle, mon cœur vit tout en elle : et voilà de tant d'amitié[1] la digne récompense ! Je suis deux jours sans la voir, qui sont pour moi deux siècles effroyables ; je la rencontre par hasard ; mon cœur, à cette vue, se sent tout transporté, ma joie éclate sur mon visage, je vole avec ravissement vers elle ; et l'infidèle détourne de moi ses regards, et passe brusquement, comme si de sa vie elle ne m'avait vu ! → *She offended him*

COVIELLE. – Je dis les mêmes choses que vous.

CLÉONTE. – Peut-on voir rien d'égal, Covielle, à cette perfidie de l'ingrate Lucile ?

COVIELLE. – Et à celle, Monsieur, de la pendarde[2] de Nicole ?

CLÉONTE. – Après tant de sacrifices ardents, de soupirs, et de vœux que j'ai faits à ses charmes !

COVIELLE. – Après tant d'assidus hommages, de soins et de services que je lui ai rendus dans sa cuisine !

CLÉONTE. – Tant de larmes que j'ai versées à ses genoux !

COVIELLE. – Tant de seaux d'eau que j'ai tirés au puits pour elle[3] !

CLÉONTE. – Tant d'ardeur que j'ai fait paraître à la chérir plus que moi-même !

---

1. « *Amitié* se dit quelquefois pour *amour. Il a fait une nouvelle amitié* » (*Académie*).
2. Voir note 2, p. 72.
3. On a parfois écrit que le procédé de cette séquence, le « doublage » du discours de Cléonte dans un style inférieur, relève du grand principe du « burlesque », ce jeu sur le décalage entre le niveau de style et les objets dont on parle, très en vogue à l'époque. Mais en réalité, chaque propos de chaque personnage n'est pas en lui-même burlesque : chacun parle de son amour dans un style qui lui est exactement « convenable » (qui respecte la règle de « convenance », celle qu'enfreint le burlesque). Ici, l'effet comique de décalage vient plutôt de la juxtaposition des répliques quasi synonymiques.

COVIELLE. – Tant de chaleur que j'ai soufferte à tourner la broche à sa place !

CLÉONTE. – Elle me fuit avec mépris !

COVIELLE. – Elle me tourne le dos avec effronterie !

CLÉONTE. – C'est une perfidie digne des plus grands châtiments.

COVIELLE. – C'est une trahison à mériter mille soufflets [1].

CLÉONTE. – Ne t'avise point, je te prie, de me parler jamais pour elle.

COVIELLE. – Moi, Monsieur ! Dieu m'en garde !

CLÉONTE. – Ne viens point m'excuser l'action de cette infidèle.

COVIELLE. – N'ayez pas peur.

CLÉONTE. – Non, vois-tu, tous tes discours pour la défendre ne serviront de rien.

COVIELLE. – Qui songe à cela ?

CLÉONTE. – Je veux contre elle conserver mon ressentiment, et rompre ensemble tout commerce [2].

COVIELLE. – J'y consens.

CLÉONTE. – Ce Monsieur le Comte qui va chez elle lui donne peut-être dans la vue ; et son esprit, je le vois bien, se laisse éblouir à la qualité [3]. Mais il me faut, pour mon honneur, prévenir l'éclat de son inconstance [4]. Je veux faire autant de pas qu'elle au changement où je la vois courir, et ne lui laisser pas toute la gloire de me quitter.

---

1. Synonyme de « gifles ».
2. Ici : fréquentation.
3. Voir note 2, p. 38. Il s'agit bien sûr de Dorante.
4. Ce qui veut dire : devancer la révélation de son inconstance amoureuse (dire avant elle qu'il ne l'aime plus).

COVIELLE. – C'est fort bien dit, et j'entre pour mon compte [1] dans tous vos sentiments.

CLÉONTE. – Donne la main à mon dépit [2], et soutiens ma résolution contre tous les restes d'amour qui me pourraient parler pour elle. Dis-m'en, je t'en conjure, tout le mal que tu pourras ; fais-moi de sa personne une peinture qui me la rende méprisable ; et marque-moi bien, pour m'en dégoûter, tous les défauts que tu peux voir en elle.

COVIELLE. – Elle, Monsieur ! voilà une belle mijaurée, une pimpesouée [3] bien bâtie [4], pour vous donner tant d'amour ! Je ne lui vois rien que de très médiocre, et vous trouverez cent personnes qui seront plus dignes de vous. Premièrement, elle a les yeux petits.

CLÉONTE. – Cela est vrai, elle a les yeux petits ; mais elle les a pleins de feux, les plus brillants, les plus perçants du monde, les plus touchants qu'on puisse voir.

COVIELLE. – Elle a la bouche grande [5].

CLÉONTE. – Oui ; mais on y voit des grâces qu'on ne voit point aux autres bouches ; et cette bouche, en la voyant, inspire des désirs, est la plus attrayante, la plus amoureuse du monde.

---

1. Covielle fait allusion au fait que si le mariage des maîtres ne se fait pas, celui des valets, que Nicole disait souhaiter à la scène 7 (« si le maître vous revient, le valet ne me revient pas moins, et je souhaiterais que notre mariage se pût faire à l'ombre du leur »), ne se fera pas non plus.

2. « On dit figurément *donner la main*, *prêter la main* à quelqu'un, pour dire l'aider en quelque affaire » (*Académie*).

3. « Terme qui se dit dans le style familier, en parlant d'une femme qui fait la délicate et la précieuse » (*Académie*, 1762 – première entrée du terme dans les dictionnaires).

4. « On dit figurément *Voilà un homme bien bâti* pour dire un homme bien fait » (*Académie*, 1762).

5. Grands yeux et petite bouche étaient des critères fondamentaux de la beauté féminine au XVIIe siècle, comme on le voit dans toute l'iconographie du temps.

COVIELLE. – Par sa taille, elle n'est pas grande.

CLÉONTE. – Non ; mais elle est aisée [1] et bien prise.

COVIELLE. – Elle affecte une nonchalance dans son parler, et dans ses actions.

CLÉONTE. – Il est vrai ; mais elle a grâce à tout cela, et ses manières sont engageantes, ont je ne sais quel charme à s'insinuer dans les cœurs.

COVIELLE. – Pour de l'esprit…

CLÉONTE. – Ah ! elle en a, Covielle, du plus fin, du plus délicat.

COVIELLE. – Sa conversation…

CLÉONTE. – Sa conversation est charmante.

COVIELLE. – Elle est toujours sérieuse.

CLÉONTE. – Veux-tu de ces enjouements épanouis, de ces joies toujours ouvertes ? et vois-tu rien de plus impertinent que des femmes qui rient à tout propos ?

COVIELLE. – Mais enfin elle est capricieuse autant que personne du monde.

CLÉONTE. – Oui, elle est capricieuse, j'en demeure d'accord ; mais tout sied bien aux belles, on souffre [2] tout des belles.

COVIELLE. – Puisque cela va comme cela, je vois bien que vous avez envie de l'aimer toujours.

CLÉONTE. – Moi, j'aimerais mieux mourir ; et je vais la haïr autant que je l'ai aimée.

COVIELLE. – Le moyen [3], si vous la trouvez si parfaite ?

1. « On dit *une taille aisée* pour dire une taille libre, dégagée » (*Académie*, 1762).
2. On supporte.
3. « On dit par manière d'interrogation *Hé le moyen. Hé quel moyen ?* pour dire que la chose dont on parle ne se peut faire » (*Académie*).

CLÉONTE. – C'est en quoi ma vengeance sera plus éclatante, en quoi je veux faire mieux voir la force de mon cœur à la haïr, à la quitter, toute belle, toute pleine d'attraits, toute aimable que je la trouve. La voici.

Scène 10[1]

CLÉONTE, LUCILE, COVIELLE, NICOLE

NICOLE. – Pour moi, j'en ai été toute scandalisée.

LUCILE. – Ce ne peut être, Nicole, que ce que je te dis. Mais le voilà.

CLÉONTE. – Je ne veux pas seulement lui parler.

COVIELLE. – Je veux vous imiter.

LUCILE. – Qu'est-ce donc, Cléonte ? qu'avez-vous ?

NICOLE. – Qu'as-tu donc, Covielle ?

LUCILE. – Quel chagrin vous possède ?

NICOLE. – Quelle mauvaise humeur te tient ?

LUCILE. – Êtes-vous muet, Cléonte ?

NICOLE. – As-tu perdu la parole, Covielle ?

CLÉONTE. – Que voilà qui est scélérat !

COVIELLE. – Que cela est Judas[2] !

LUCILE. – Je vois bien que la rencontre de tantôt a troublé votre esprit.

CLÉONTE. – Ah ! ah ! on voit ce qu'on a fait.

---

1. Scène traditionnelle de « dépit amoureux », dont Molière est un grand spécialiste. La plus célèbre est celle du *Tartuffe* (acte II, scène 4).
2. Dans le cadre de la comédie-ballet qu'est *Le Bourgeois gentilhomme*, Molière cherche ici une forme de dialogue théâtral qui se rapproche le plus possible des structures de la musique et de la danse, arts fondés sur la répétition et la symétrie.

NICOLE. – Notre accueil de ce matin t'a fait prendre la chèvre [1].

COVIELLE. – On a deviné l'enclouure [2].

LUCILE. – N'est-il pas vrai, Cléonte, que c'est là le sujet de votre dépit ?

CLÉONTE. – Oui, perfide, ce l'est, puisqu'il faut parler ; et j'ai à vous dire que vous ne triompherez pas comme vous pensez de votre infidélité, que je veux être le premier à rompre avec vous, et que vous n'aurez pas l'avantage de me chasser. J'aurai de la peine, sans doute, à vaincre l'amour que j'ai pour vous, cela me causera des chagrins, je souffrirai un temps ; mais j'en viendrai à bout, et je me percerai plutôt le cœur que d'avoir la faiblesse de retourner à vous.

COVIELLE. – Queussi, queumi [3].

LUCILE. – Voilà bien du bruit pour un rien [4]. Je veux vous dire, Cléonte, le sujet qui m'a fait ce matin éviter votre abord [5].

CLÉONTE. – Non, je ne veux rien écouter.

NICOLE. – Je te veux apprendre la cause qui nous a fait passer si vite.

COVIELLE. – Je ne veux rien entendre.

LUCILE. – Sachez que ce matin…

---

1. « On dit […] *prendre la chèvre* pour dire se fâcher, se dépiter sans sujet apparent » (*Académie*).
2. L'enclouure est l'endroit où s'est planté le clou dans le sabot qui fait boiter le cheval. Le mot désigne figurément l'obstacle à une affaire.
3. « Absolument de même. Ce remède ne lui fera pas plus de bien que les autres ; ce sera queussi queumi » (*Académie*, 1835). Probablement une forme dialectale de *quel soi, quel moi*.
4. Sans doute une citation délibérée du titre de la pièce *Beaucoup de bruit pour rien* (*Much Ado about Nothing*) de Shakespeare, que Molière connaissait très bien.
5. Autrement dit : éviter de vous aborder.

CLÉONTE. – Non, vous dis-je.

NICOLE. – Apprends que…

COVIELLE. – Non, traîtresse.

LUCILE. – Écoutez.

CLÉONTE. – Point d'affaire.

NICOLE. – Laisse-moi dire.

COVIELLE. – Je suis sourd.

LUCILE. – Cléonte !

CLÉONTE. – Non.

NICOLE. – Covielle.

COVIELLE. – Point.

LUCILE. – Arrêtez.

CLÉONTE. – Chansons.

NICOLE. – Entends-moi.

COVIELLE. – Bagatelles.

LUCILE. – Un moment.

CLÉONTE. – Point du tout.

NICOLE. – Un peu de patience.

COVIELLE. – Tarare [1].

LUCILE. – Deux paroles.

CLÉONTE. – Non, c'en est fait.

NICOLE. – Un mot.

COVIELLE. – Plus de commerce.

---

1. « Espèce d'interjection familière dont on se sert pour marquer qu'on se moque de ce qu'on entend dire, ou qu'on ne le croit pas » (*Académie*, 1762).

LUCILE. – Hé bien ! puisque vous ne voulez pas m'écouter, demeurez dans votre pensée, et faites ce qu'il vous plaira.

NICOLE. – Puisque tu fais comme cela, prends-le tout comme tu voudras.

CLÉONTE. – Sachons donc le sujet d'un si bel accueil.

LUCILE. – Il ne me plaît plus de le dire.

COVIELLE. – Apprends-nous un peu cette histoire.

NICOLE. – Je ne veux plus, moi, te l'apprendre.

CLÉONTE. – Dites-moi…

LUCILE. – Non, je ne veux rien dire.

COVIELLE. – Conte-moi…

NICOLE. – Non, je ne conte rien.

CLÉONTE. – De grâce.

LUCILE. – Non, vous dis-je.

COVIELLE. – Par charité.

NICOLE. – Point d'affaire.

CLÉONTE. – Je vous en prie.

LUCILE. – Laissez-moi.

COVIELLE. – Je t'en conjure.

NICOLE. – Ôte-toi de là.

CLÉONTE. – Lucile.

LUCILE. – Non.

COVIELLE. – Nicole.

NICOLE. – Point.

CLÉONTE. – Au nom des dieux !

LUCILE. – Je ne veux pas.

COVIELLE. – Parle-moi.

NICOLE. – Point du tout.

CLÉONTE. – Éclaircissez mes doutes.

LUCILE. – Non, je n'en ferai rien.

COVIELLE. – Guéris-moi l'esprit.

NICOLE. – Non, il ne me plaît pas.

CLÉONTE. – Hé bien ! puisque vous vous souciez si peu de me tirer de peine, et de vous justifier du traitement indigne que vous avez fait à ma flamme, vous me voyez, ingrate, pour la dernière fois, et je vais loin de vous mourir de douleur et d'amour.

COVIELLE. – Et moi, je vais suivre ses pas.

LUCILE. – Cléonte.

NICOLE. – Covielle.

CLÉONTE. – Eh ?

COVIELLE. – Plaît-il ?

LUCILE. – Où allez-vous ?

CLÉONTE. Où je vous ai dit.

COVIELLE. – Nous allons mourir.

LUCILE. – Vous allez mourir, Cléonte ?

CLÉONTE. – Oui, cruelle, puisque vous le voulez.

LUCILE. – Moi, je veux que vous mouriez ?

CLÉONTE. – Oui, vous le voulez.

LUCILE. – Qui vous le dit ?

CLÉONTE. – N'est-ce pas le vouloir, que ne vouloir pas éclaircir mes soupçons ?

LUCILE. – Est-ce ma faute ? et si vous aviez voulu m'écouter, ne vous aurais-je pas dit que l'aventure dont vous vous plaignez a été causée ce matin par la présence d'une vieille tante, qui veut à toute force que la seule approche d'un homme déshonore une fille, qui perpétuellement nous sermonne sur ce chapitre, et nous figure tous les hommes comme des diables qu'il faut fuir ?

NICOLE. – Voilà le secret de l'affaire.

CLÉONTE. – Ne me trompez-vous point, Lucile ?

COVIELLE. – Ne m'en donnes-tu point à garder [1] ?

LUCILE. – Il n'est rien de plus vrai.

NICOLE. – C'est la chose comme elle est.

COVIELLE. – Nous rendrons-nous à cela ?

CLÉONTE. – Ah ! Lucile, qu'avec un mot de votre bouche vous savez apaiser de choses dans mon cœur ! et que facilement on se laisse persuader aux personnes qu'on aime !

COVIELLE. – Qu'on est aisément amadoué par ces diantres [2] d'animaux-là !

Scène 11

MADAME JOURDAIN, CLÉONTE, LUCILE, COVIELLE, NICOLE

MADAME JOURDAIN. – Je suis bien aise de vous voir, Cléonte, et vous voilà tout à propos. Mon mari vient ; prenez vite votre temps [3] pour lui demander Lucile en mariage.

---

1. « Donner à garder » signifie faire croire à quelqu'un quelque chose de faux.
2. Voir note 1, p. 57.
3. Au XVIIe siècle, « prendre son temps » signifiait saisir le moment, l'occasion propice.

CLÉONTE. – Ah ! Madame, que cette parole m'est douce, et qu'elle flatte mes désirs ! Pouvais-je recevoir un ordre plus charmant, une faveur plus précieuse ?

Scène 12

MONSIEUR JOURDAIN, MADAME JOURDAIN, CLÉONTE, LUCILE, COVIELLE, NICOLE

CLÉONTE. – Monsieur, je n'ai voulu prendre personne pour vous faire une demande que je médite il y a long-temps[1]. Elle me touche assez pour m'en charger moi-même[2] ; et, sans autre détour, je vous dirai que l'honneur d'être votre gendre est une faveur glorieuse que je vous prie de m'accorder.

MONSIEUR JOURDAIN. – Avant que de vous rendre réponse, Monsieur, je vous prie de me dire si vous êtes gentilhomme[3].

CLÉONTE. – Monsieur, la plupart des gens sur cette question n'hésitent pas beaucoup. On tranche le mot aisément. Ce nom ne fait aucun scrupule à prendre, et l'usage aujourd'hui semble en autoriser le vol[4]. Pour moi, je vous avoue, j'ai les sentiments sur cette matière un peu plus délicats ; je trouve que toute imposture est indigne d'un honnête homme[5], et qu'il y a de la lâcheté à déguiser ce que le Ciel nous a fait naître, à se parer aux

---

1. Ici : depuis longtemps.
2. Il était habituel à l'époque de faire faire sa demande en mariage par un intermédiaire.
3. C'est-à-dire noble.
4. Effectivement, l'usurpation de noblesse était un phénomène très répandu au XVIIe siècle. Louis XIV ordonna même une véritable chasse aux faux nobles. Sur ce point, voir le Dossier, p. 162-164, et la Présentation, p. 21-22.
5. Cléonte distingue avec raison l'« honnête homme », idéal de politesse et de civilité du XVIIe siècle, du « gentilhomme », le noble à proprement parler.

yeux du monde d'un titre dérobé, à se vouloir donner pour ce qu'on n'est pas. Je suis né de parents, sans doute, qui ont tenu des charges honorables. Je me suis acquis dans les armes [1] l'honneur de six ans de services, et je me trouve assez de bien [2] pour tenir dans le monde un rang assez passable. Mais, avec tout cela, je ne veux point me donner un nom où d'autres en ma place croiraient pouvoir prétendre, et je vous dirai franchement que je ne suis point gentilhomme.

MONSIEUR JOURDAIN. – Touchez là [3], Monsieur : ma fille n'est pas pour vous.

CLÉONTE. – Comment ?

MONSIEUR JOURDAIN. – Vous n'êtes point gentilhomme, vous n'aurez pas ma fille.

MADAME JOURDAIN. – Que voulez-vous donc dire avec votre gentilhomme ? est-ce que nous sommes, nous autres, de la côte de saint Louis [4] ?

MONSIEUR JOURDAIN. – Taisez-vous, ma femme : je vous vois venir.

MADAME JOURDAIN. – Descendons-nous tous deux que de bonne bourgeoisie ?

MONSIEUR JOURDAIN. – Voilà pas le coup de langue [5] ?

---

1. C'est-à-dire : dans l'armée.
2. Ici : d'argent.
3. On dirait aujourd'hui : « Topez là ». « On dit *toucher dans la main* pour dire mettre sa main dans la main d'un autre en signe de réconciliation, d'amitié, ou de conclusion de marché » (*Académie*). Soit l'expression est ici ironique, soit Monsieur Jourdain l'utilise pour montrer que le débat est complètement clos puisqu'il a eu la seule information qui l'intéressait.
4. « On dit figurément et ironiquement d'un homme qui se pique mal à propos d'une haute noblesse, qu'il s'imagine être descendu, être de la côte de saint Louis » (*Académie*).
5. « On appelle figurément *coup de langue* une médisance ou un mauvais rapport que l'on fait » (*Académie*). Monsieur Jourdain prétend que l'origine bourgeoise alléguée par sa femme est une calomnie.

MADAME JOURDAIN. – Et votre père n'était-il pas marchand aussi bien que le mien ?

MONSIEUR JOURDAIN. – Peste soit de la femme ! Elle n'y a jamais manqué. Si votre père a été marchand, tant pis pour lui ; mais pour le mien, ce sont des malavisés qui disent cela. Tout ce que j'ai à vous dire, moi, c'est que je veux avoir un gendre gentilhomme.

MADAME JOURDAIN. – Il faut à votre fille un mari qui lui soit propre[1], et il vaut mieux pour elle un honnête homme riche et bien fait, qu'un gentilhomme gueux et mal bâti[2].

NICOLE. – Cela est vrai. Nous avons le fils du gentilhomme de notre village, qui est le plus grand malitorne[3] et le plus sot dadais que j'aie jamais vu.

MONSIEUR JOURDAIN. – Taisez-vous, impertinente. Vous vous fourrez toujours dans la conversation. J'ai du bien assez pour ma fille, je n'ai besoin que d'honneur, et je la veux faire marquise[4].

MADAME JOURDAIN. – Marquise ?

MONSIEUR JOURDAIN. – Oui, marquise.

MADAME JOURDAIN. – Hélas ! Dieu m'en garde !

MONSIEUR JOURDAIN. – C'est une chose que j'ai résolue.

MADAME JOURDAIN. – C'est une chose, moi, où je ne consentirai point. Les alliances avec plus grand que soi

---

1. Ici : approprié.
2. Madame Jourdain reprend la distinction faite par Cléonte.
3. « Maladroit, inepte. Il s'emploie ordinairement comme substantif. *Ce valet n'est qu'un malitorne.* Il est familier » (*Académie*).
4. On notera que le projet de Monsieur Jourdain est de faire de sa fille une sorte de Dorimène. Si ce titre de marquise fait rêver Monsieur Jourdain, c'est sans doute parce que la marquise était alors une figure typique de la cour : le titre était très répandu, et Louis XIV avait coutume de le donner à ses diverses maîtresses.

sont sujettes toujours à de fâcheux inconvénients. Je ne veux point qu'un gendre puisse à ma fille reprocher ses parents, et qu'elle ait des enfants qui aient honte de m'appeler leur grand-maman. S'il fallait qu'elle me vînt visiter en équipage de grand-dame, et qu'elle manquât par mégarde à saluer quelqu'un du quartier, on ne manquerait pas aussitôt de dire cent sottises. « Voyez-vous, dirait-on, cette Madame la Marquise qui fait tant la glorieuse[1] ? c'est la fille de Monsieur Jourdain, qui était trop heureuse, étant petite, de jouer à la madame avec nous. Elle n'a pas toujours été si relevée[2] que la voilà, et ses deux grands-pères vendaient du drap auprès de la porte Saint-Innocent[3]. Ils ont amassé du bien à leurs enfants, qu'ils payent maintenant peut-être bien cher en l'autre monde, et l'on ne devient guère si riches à être honnêtes gens. » Je ne veux point tous ces caquets et je veux un homme, en un mot, qui m'ait obligation de ma fille, et à qui je puisse dire : « Mettez-vous là, mon gendre, et dînez avec moi. »

MONSIEUR JOURDAIN. – Voilà bien les sentiments d'un petit esprit, de vouloir demeurer toujours dans la bassesse. Ne me répliquez pas davantage : ma fille sera marquise en dépit de tout le monde ; et si vous me mettez en colère, je la ferai duchesse[4].

MADAME JOURDAIN. – Cléonte, ne perdez point courage encore. Suivez-moi, ma fille, et venez dire résolument à votre père que si vous ne l'avez, vous ne voulez épouser personne.

---

1. C'est-à-dire : la fière.
2. « On dit d'un homme de grande qualité que c'est un homme d'une condition relevée » (*Académie*, 1762).
3. Probablement la porte du cimetière des Saints-Innocents, dans le quartier des Halles à Paris. Rappelons que le père de Molière lui-même était tapissier.
4. Duchesse était un titre de noblesse supérieur à tous les autres, au-dessus duquel on ne trouvait que les princes du sang. Pour la fille d'un drapier, parvenir à épouser un marquis était une affaire extrêmement difficile, et épouser un duc était strictement impossible.

Scène 13

CLÉONTE, COVIELLE

COVIELLE. – Vous avez fait de belles affaires avec vos beaux sentiments[1].

CLÉONTE. – Que veux-tu ? j'ai un scrupule là-dessus, que l'exemple ne saurait vaincre.

COVIELLE. – Vous moquez-vous, de le prendre sérieusement avec un homme comme cela ? Ne voyez-vous pas qu'il est fou ? et vous coûtait-il quelque chose de vous accommoder à ses chimères ?

CLÉONTE. – Tu as raison ; mais je ne croyais pas qu'il fallût faire ses preuves de noblesse pour être gendre de Monsieur Jourdain.

COVIELLE. – Ha, ha, ha !

CLÉONTE. – De quoi ris-tu ?

COVIELLE. – D'une pensée qui me vient pour jouer notre homme, et vous faire obtenir ce que vous souhaitez.

CLÉONTE. – Comment ?

COVIELLE. – L'idée est tout à fait plaisante[2].

CLÉONTE. – Quoi donc ?

COVIELLE. – Il s'est fait depuis peu une certaine mascarade[3] qui vient[4] le mieux du monde ici, et que je prétends faire entrer dans une bourle[5] que je veux faire à notre ridicule. Tout cela sent un peu sa comédie ; mais

---

1. Sous-entendu : en ne voulant pas usurper le titre de gentilhomme.
2. Ici : comique.
3. Au sens propre : « Divertissement, danse […] de gens qui sont en masque » (*Académie*).
4. Ici : convient.
5. Synonyme de « farce ». De l'espagnol *burla*. Mot très rare.

avec lui on peut hasarder toute chose, il n'y faut point chercher tant de façons, et il est homme à y jouer son rôle à merveille, à donner aisément dans toutes les fariboles qu'on s'avisera de lui dire. J'ai les acteurs, j'ai les habits tout prêts : laissez-moi faire seulement.

CLÉONTE. – Mais apprends-moi…

COVIELLE. – Je vais vous instruire de tout. Retirons-nous, le voilà qui revient. [1]

Scène 14

MONSIEUR JOURDAIN, LAQUAIS

MONSIEUR JOURDAIN. – Que diable est-ce là ! Ils n'ont rien que les grands seigneurs à me reprocher ; et moi, je ne vois rien de si beau que de hanter [2] les grands seigneurs : il n'y a qu'honneur et que civilité avec eux, et je voudrais qu'il m'eût coûté deux doigts de la main, et être né comte ou marquis.

LAQUAIS. – Monsieur, voici Monsieur le Comte, et une dame qu'il mène par la main.

MONSIEUR JOURDAIN. – Hé mon Dieu ! j'ai quelques ordres à donner. Dis-leur que je vais venir ici tout à l'heure.

Scène 15

DORIMÈNE, DORANTE, LAQUAIS

LAQUAIS. – Monsieur dit comme cela qu'il va venir ici tout à l'heure.

---

1. Cas typique de « liaison par bruit » : pour respecter la règle de liaison des scènes, Molière fait en sorte que les personnages sortent au moment précis où les autres entrent ; ainsi la scène n'est jamais vide mais les personnages ne se rencontrent pas.

2. Ici : fréquenter.

DORANTE. – Voilà qui est bien.

DORIMÈNE. – Je ne sais pas, Dorante, je fais encore ici une étrange démarche, de me laisser amener par vous dans une maison où je ne connais personne.

DORANTE. – Quel lieu voulez-vous donc, Madame, que mon amour choisisse pour vous régaler, puisque, pour fuir l'éclat[1], vous ne voulez ni votre maison, ni la mienne ?

DORIMÈNE. – Mais vous ne dites pas que je m'engage insensiblement, chaque jour, à recevoir de trop grands témoignages de votre passion. J'ai beau me défendre des choses, vous fatiguez ma résistance, et vous avez une civile opiniâtreté qui me fait venir doucement à tout ce qu'il vous plaît. Les visites fréquentes ont commencé ; les déclarations sont venues ensuite, qui après elles ont traîné les sérénades et les cadeaux[2] que les présents ont suivis. Je me suis opposée à tout cela, mais vous ne vous rebutez point, et pied à pied vous gagnez mes résolutions. Pour moi, je ne puis plus répondre de rien, et je crois qu'à la fin vous me ferez venir au mariage, dont je me suis tant éloignée.

DORANTE. – Ma foi ! Madame, vous y devriez déjà être. Vous êtes veuve, et ne dépendez que de vous. Je suis maître de moi, et vous aime plus que ma vie. À quoi tient-il que dès aujourd'hui vous ne fassiez tout mon bonheur ?

DORIMÈNE. – Mon Dieu ! Dorante, il faut des deux parts bien des qualités pour vivre heureusement ensemble ; et les deux plus raisonnables personnes du

---

1. « Il signifie aussi rumeur, scandale. *Cette affaire fait beaucoup d'éclat* » (*Académie*, 1762). Dorimène ne veut pas que l'on soupçonne sa liaison avec Dorante.
2. Les repas offerts, différents des « présents » évoqués ensuite, qui sont des cadeaux au sens moderne du terme.

monde ont souvent peine à composer une union dont ils soient satisfaits.

DORANTE. – Vous vous moquez, Madame, de vous y figurer tant de difficultés ; et l'expérience que vous avez faite ne conclut rien pour tous les autres.

DORIMÈNE. – Enfin, j'en reviens toujours là : les dépenses que je vous vois faire pour moi m'inquiètent par deux raisons : l'une, qu'elles m'engagent plus que je ne voudrais ; et l'autre, que je suis sûre, sans vous déplaire, que vous ne les faites point que vous ne vous incommodiez [1] ; et je ne veux point cela.

DORANTE. – Ah ! Madame, ce sont des bagatelles ; et ce n'est pas par là...

DORIMÈNE. – Je sais ce que je dis ; et, entre autres, le diamant que vous m'avez forcée à prendre est d'un prix...

DORANTE. – Eh ! Madame, de grâce, ne faites point tant valoir une chose que mon amour trouve indigne de vous ; et souffrez... Voici le maître du logis.

Scène 16

MONSIEUR JOURDAIN, DORIMÈNE, DORANTE, LAQUAIS

MONSIEUR JOURDAIN, *après avoir fait deux révérences, se trouvant trop près de Dorimène.* – Un peu plus loin, Madame.

DORIMÈNE. – Comment ?

MONSIEUR JOURDAIN. – Un pas, s'il vous plaît.

DORIMÈNE. – Quoi donc ?

MONSIEUR JOURDAIN. – Reculez un peu, pour la troisième.

---

1. « S'incommoder » a souvent un sens financier : trop dépenser et se mettre dans le besoin.

DORANTE. – Madame, Monsieur Jourdain sait son monde [1].

MONSIEUR JOURDAIN. – Madame, ce m'est une gloire bien grande de me voir assez fortuné pour être si heureux que d'avoir le bonheur que vous ayez eu la bonté de m'accorder la grâce de me faire l'honneur de m'honorer de la faveur de votre présence ; et si j'avais aussi le mérite pour mériter un mérite comme le vôtre, et que le Ciel... envieux de mon bien... m'eût accordé... l'avantage de me voir digne... des [2]...

DORANTE. – Monsieur Jourdain, en voilà assez : Madame n'aime pas les grands compliments, et elle sait que vous êtes homme d'esprit. (*Bas, à Dorimène.*) C'est un bon bourgeois assez ridicule, comme vous voyez, dans toutes ses manières.

DORIMÈNE. – Il n'est pas malaisé de s'en apercevoir.

DORANTE. – Madame, voilà le meilleur de mes amis.

MONSIEUR JOURDAIN. – C'est trop d'honneur que vous me faites.

DORANTE. – Galant homme tout à fait.

DORIMÈNE. – J'ai beaucoup d'estime pour lui.

MONSIEUR JOURDAIN. – Je n'ai rien fait encore, Madame, pour mériter cette grâce.

DORANTE, *bas, à Monsieur Jourdain.* – Prenez garde au moins à ne lui point parler du diamant que vous lui avez donné.

---

1. C'est-à-dire : connaît les usages du grand monde.
2. Monsieur Jourdain tente de formuler un « compliment », au sens du XVIIe siècle, ce bref discours d'éloge poli que l'on doit toujours faire lorsqu'on rencontre quelqu'un du monde. Mais il ne trouve pas ses mots et tombe dans l'un des plus grands défauts stylistiques qui soient : la répétition.

MONSIEUR JOURDAIN. – Ne pourrais-je pas seulement lui demander comment elle le trouve ?

DORANTE. – Comment ? gardez-vous-en bien : cela serait vilain à vous, et pour agir en galant homme, il faut que vous fassiez comme si ce n'était pas vous qui lui eussiez fait ce présent. Monsieur Jourdain, Madame, dit qu'il est ravi de vous voir chez lui.

DORIMÈNE. – Il m'honore beaucoup.

MONSIEUR JOURDAIN. – Que je vous suis obligé, Monsieur, de lui parler ainsi pour moi !

DORANTE. – J'ai eu une peine effroyable à la faire venir ici.

MONSIEUR JOURDAIN. – Je ne sais quelles grâces vous en rendre.

DORANTE. – Il dit, Madame, qu'il vous trouve la plus belle personne du monde.

DORIMÈNE. – C'est bien de la grâce qu'il me fait.

MONSIEUR JOURDAIN. – Madame, c'est vous qui faites les grâces ; et...

DORANTE. – Songeons à manger.

LAQUAIS. – Tout est prêt, Monsieur.

DORANTE. – Allons donc nous mettre à table, et qu'on fasse venir les musiciens.

> *Six cuisiniers, qui ont préparé le festin, dansent ensemble, et font le troisième intermède* [1] *; après quoi ils apportent une table couverte de plusieurs mets.*

---

1. La nature de la danse des cuisiniers n'est pas mentionnée dans les principales sources du temps.

ACTE IV

Scène première

DORANTE, DORIMÈNE, MONSIEUR JOURDAIN,
DEUX MUSICIENS, UNE MUSICIENNE, LAQUAIS

DORIMÈNE. – Comment, Dorante ? voilà un repas tout
à fait magnifique !

MONSIEUR JOURDAIN. – Vous vous moquez, Madame,
et je voudrais qu'il fût plus digne de vous être offert.

Tous se mettent à table.

DORANTE. – Monsieur Jourdain a raison, Madame, de
parler de la sorte, et il m'oblige de vous faire si bien les
honneurs de chez lui. Je demeure d'accord avec lui que
le repas n'est pas digne de vous. Comme c'est moi qui
l'ai ordonné, et que je n'ai pas sur cette matière les
lumières de nos amis, vous n'avez pas ici un repas fort
savant, et vous y trouverez des incongruités de bonne
chère, et des barbarismes de bon goût[1]. Si Damis s'en

---

1. Dorante se moque gentiment de la mode régnante du vocabulaire
gastronomique. Nombreux sont ceux qui, comme Damis, font de la
gastronomie une véritable science, qui s'apparente pour eux à une
grammaire. Dorante avoue son incompétence en la matière (il dit faire
des incongruités et des barbarismes), et en cela il se comporte en
« galant homme ». En effet, « l'air de la cour » est par principe hostile
à tout discours spécialisé, assimilé à du pédantisme. En mettant ce
propos gastronomique dans la bouche de Damis, Dorante fait donc
étalage d'un lexique spécialisé, mais en le mettant assez à distance pour
éviter le ridicule.

était mêlé, tout serait dans les règles ; il y aurait partout
de l'élégance et de l'érudition, et il ne manquerait pas de
vous exagérer lui-même toutes les pièces du repas qu'il
vous donnerait, et de vous faire tomber d'accord de sa
haute capacité dans la science des bons morceaux, de
vous parler d'un pain de rive [1] à biseau doré, relevé de
croûte partout, croquant tendrement sous la dent ; d'un
vin à sève veloutée, armé d'un vert [2] qui n'est point trop
commandant [3], d'un carré de mouton gourmandé [4] de
persil ; d'une longe de veau de rivière [5], longue comme
cela, blanche, délicate, et qui sous les dents est une vraie
pâte d'amande ; de perdrix relevées d'un fumet surpre-
nant ; et pour son opéra [6], d'une soupe à bouillon perlé [7],
soutenue d'un jeune gros dindon cantonné [8] de pigeon-
neaux, et couronnée d'oignons blancs mariés avec la chi-
corée. Mais pour moi, je vous avoue mon ignorance ; et
comme Monsieur Jourdain a fort bien dit, je voudrais
que le repas fût plus digne de vous être offert.

DORIMÈNE. – Je ne réponds à ce compliment qu'en
mangeant comme je fais.

MONSIEUR JOURDAIN. – Ah ! que voilà de belles
mains !

DORIMÈNE. – Les mains sont médiocres, Monsieur
Jourdain ; mais vous voulez parler du diamant, qui est
fort beau [9].

---

1. C'est-à-dire un pain cuit sur le bord du four (la « rive »).
2. Le vert est l'acidité du vin nouveau.
3. Ici : dominant (dans la saveur du vin).
4. « Gourmandé » signifie « piqué ».
5. Les « veaux de rivière », bien gras, sont ceux de Rouen.
6. Au sens assez rare de « chef-d'œuvre ». « Se dit aussi d'une chose
qui se fait rarement et extraordinairement, et avec la dépense ou de
la peine » (Furetière).
7. « On appelle bouillon perlé un bouillon bien fait, bien consommé,
et où la substance et le suc de la viande paraissent comme par petits
grains de perle » (*Académie*).
8. Ici : entouré.
9. Dorimène croit bien sûr que c'est Dorante qui le lui a offert, et
veut donc le mettre en valeur pour lui faire plaisir.

MONSIEUR JOURDAIN. – Moi, Madame ! Dieu me garde d'en vouloir parler, ce ne serait pas agir en galant homme, et le diamant est fort peu de chose.

DORIMÈNE. – Vous êtes bien dégoûté.

MONSIEUR JOURDAIN. – Vous avez trop de bonté…

DORANTE. – Allons, qu'on donne du vin à Monsieur Jourdain, et à ces messieurs, qui nous feront la grâce de nous chanter un air à boire.

DORIMÈNE. – C'est merveilleusement assaisonner la bonne chère que d'y mêler la musique, et je me vois ici admirablement régalée.

MONSIEUR JOURDAIN. – Madame, ce n'est pas…

DORANTE. – Monsieur Jourdain, prêtons silence à ces messieurs ; ce qu'ils nous diront vaudra mieux que tout ce que nous pourrions dire.

> *Les musiciens et la musicienne prennent*
> *des verres, chantent deux chansons à boire,*
> *et sont soutenus de toute la symphonie.*

PREMIÈRE CHANSON À BOIRE [1]

Un petit doigt, Philis, pour commencer le tour.
Ah ! qu'un verre en vos mains a d'agréables charmes !
Vous et le vin, vous vous prêtez des armes,
Et je sens pour tous deux redoubler mon amour :
Entre lui, vous et moi, jurons, jurons, ma belle,
Une ardeur éternelle.
Qu'en mouillant votre bouche il en reçoit d'attraits,

---

1. Anne Piéjus commente ces airs à boire en ces termes : « Par sa construction, la musique de table fait pendant à la pastorale du premier acte. Se succèdent un premier duo bachique associant le vin à l'amour, chanté par la haute-contre Jean Blondel et la basse Antoine Morel, et un *carpe diem* sur le même thème, écrit pour taille (Jean Gaye) et basse (Antoine Morel) » (Molière, *Œuvres complètes*, éd. citée, t. I, p. 1461, note 6).

Et que l'on voit par lui votre bouche embellie !
Ah ! l'un de l'autre, ils me donnent envie,
Et de vous et de lui je m'enivre à longs traits :
Entre lui, vous et moi, jurons, jurons, ma belle,
Une ardeur éternelle.

SECONDE CHANSON À BOIRE

Buvons, chers amis, buvons :
Le temps qui fuit nous y convie ;
Profitons de la vie
Autant que nous pouvons.
Quand on a passé l'onde noire[1],
Adieu le bon vin, nos amours ;
Dépêchons-nous de boire,
On ne boit pas toujours.

Laissons raisonner les sots
Sur le vrai bonheur de la vie ;
Notre philosophie
Le met parmi les pots.
Les biens, le savoir et la gloire
N'ôtent point les soucis fâcheux,
Et ce n'est qu'à bien boire
Que l'on peut être heureux.
Sus, sus[2], du vin partout, versez, garçons, versez,
Versez, versez toujours, tant qu'on vous dise assez.

DORIMÈNE. – Je ne crois pas qu'on puisse mieux chanter, et cela est tout à fait beau.

MONSIEUR JOURDAIN. – Je vois encore ici, Madame, quelque chose de plus beau.

DORIMÈNE. – Ouais ! Monsieur Jourdain est galant plus que je ne pensais.

---

1. Métaphore pour dire : quand on est mort (il s'agit des eaux du Styx, fleuve des Enfers).
2. Mot vieilli pour dire : allons, allons.

DORANTE. – Comment, Madame ? pour qui prenez-vous Monsieur Jourdain ?

MONSIEUR JOURDAIN. – Je voudrais bien qu'elle me prît pour ce que je dirais !

DORIMÈNE. – Encore [1] !

DORANTE. – Vous ne le connaissez pas.

MONSIEUR JOURDAIN. – Elle me connaîtra quand il lui plaira.

DORIMÈNE. – Oh ! je le quitte [2].

DORANTE. – Il est homme qui a toujours la riposte en main. Mais vous ne voyez pas que Monsieur Jourdain, Madame, mange tous les morceaux que vous touchez.

DORIMÈNE. – Monsieur Jourdain est un homme qui me ravit.

MONSIEUR JOURDAIN. – Si je pouvais ravir votre cœur, je serais…

Scène 2

MADAME JOURDAIN, MONSIEUR JOURDAIN, DORIMÈNE, DORANTE, MUSICIENS, MUSICIENNES, LAQUAIS

MADAME JOURDAIN. – Ah, ah ! je trouve ici bonne compagnie, et je vois bien qu'on ne m'y attendait pas. C'est donc pour cette belle affaire-ci, Monsieur mon mari, que vous avez eu tant d'empressement à m'envoyer dîner chez ma sœur ? Je viens de voir un théâtre là-bas [3],

---

1. Monsieur Jourdain, à chaque réplique de Dorimène, croit faire un mot d'esprit en reprenant lourdement le mot qu'elle a utilisé. Le « Encore ! » de Dorimène souligne la répétition de ces « mots d'esprit ».
2. C'est-à-dire : j'abandonne la partie.
3. Il s'agit des acteurs embauchés par Covielle, qui préparent leur « mascarade ».

et je vois ici un banquet à faire noces. Voilà comme vous dépensez votre bien, et c'est ainsi que vous festinez [1] les dames en mon absence, et que vous leur donnez la musique et la comédie, tandis que vous m'envoyez promener ?

DORANTE. – Que voulez-vous dire, Madame Jourdain ? et quelles fantaisies sont les vôtres, de vous aller mettre en tête que votre mari dépense son bien, et que c'est lui qui donne ce régale [2] à Madame ? Apprenez que c'est moi, je vous prie ; qu'il ne fait seulement que me prêter sa maison, et que vous devriez un peu mieux regarder aux choses que vous dites.

MONSIEUR JOURDAIN. – Oui, impertinente, c'est Monsieur le Comte qui donne tout ceci à Madame, qui est une personne de qualité. Il me fait l'honneur de prendre ma maison, et de vouloir que je sois avec lui.

MADAME JOURDAIN. – Ce sont des chansons [3] que cela : je sais ce que je sais.

DORANTE. – Prenez, Madame Jourdain, prenez de meilleures lunettes.

MADAME JOURDAIN. – Je n'ai que faire de lunettes, Monsieur, et je vois assez clair ; il y a longtemps que je sens les choses, et je ne suis pas une bête. Cela est fort vilain à vous, pour un grand seigneur, de prêter la main comme vous faites aux sottises de mon mari. Et vous, Madame, pour une grand-dame, cela n'est ni beau ni honnête à vous, de mettre la dissension dans un ménage, et de souffrir que mon mari soit amoureux de vous.

DORIMÈNE. – Que veut donc dire tout ceci ? Allez, Dorante, vous vous moquez, de m'exposer aux sottes visions [4] de cette extravagante.

---

1. La tournure existe, mais elle est vieillie : « Faire festin. Festiner quelqu'un. Festiner ses amis » (*Académie*).
2. Synonyme de « festin ». C'est la graphie de l'époque.
3. Ici : des mensonges.
4. Ici : folies.

DORANTE. – Madame, holà ! Madame, où courez-vous ?

MONSIEUR JOURDAIN. – Madame ! Monsieur le Comte, faites-lui excuses, et tâchez de la ramener. Ah ! impertinente que vous êtes ! voilà de vos beaux faits ; vous me venez faire des affronts devant tout le monde, et vous chassez de chez moi des personnes de qualité.

MADAME JOURDAIN. – Je me moque de leur qualité.

MONSIEUR JOURDAIN. – Je ne sais qui me tient [1], maudite, que je ne vous fende la tête avec les pièces [2] du repas que vous êtes venue troubler.

On ôte la table.

MADAME JOURDAIN, *sortant*. – Je me moque de cela. Ce sont mes droits que je défends, et j'aurai pour moi toutes les femmes.

MONSIEUR JOURDAIN. – Vous faites bien d'éviter ma colère. Elle est arrivée là bien malheureusement. J'étais en humeur de dire de jolies choses, et jamais je ne m'étais senti tant d'esprit [3]. Qu'est-ce que c'est que cela ?

Scène 3

COVIELLE, *déguisé*, MONSIEUR JOURDAIN, LAQUAIS

COVIELLE. – Monsieur, je ne sais pas si j'ai l'honneur d'être connu de vous.

MONSIEUR JOURDAIN. – Non, Monsieur.

COVIELLE. – Je vous ai vu que vous n'étiez pas plus grand que cela.

---

1. Autrement dit : ce qui me retient.
2. « Pièce » avait un sens très général au XVIIe siècle. Ici, le terme désigne probablement les plats.
3. Monsieur Jourdain fait allusion aux enchaînements balourds qu'il a multipliés pour plaire à Dorimène.

MONSIEUR JOURDAIN. – Moi !

COVIELLE. – Oui, vous étiez le plus bel enfant du monde, et toutes les dames vous prenaient dans leurs bras pour vous baiser.

MONSIEUR JOURDAIN. – Pour me baiser !

COVIELLE. – Oui. J'étais grand ami de feu Monsieur votre père.

MONSIEUR JOURDAIN. – De feu Monsieur mon père !

COVIELLE. – Oui. C'était un fort honnête gentilhomme.

MONSIEUR JOURDAIN. – Comment dites-vous ?

COVIELLE. – Je dis que c'était un fort honnête gentilhomme.

MONSIEUR JOURDAIN. – Mon père !

COVIELLE. – Oui.

MONSIEUR JOURDAIN. – Vous l'avez fort connu ?

COVIELLE. – Assurément.

MONSIEUR JOURDAIN. – Et vous l'avez connu pour gentilhomme ?

COVIELLE. – Sans doute.

MONSIEUR JOURDAIN. – Je ne sais donc pas comment le monde est fait.

COVIELLE. – Comment ?

MONSIEUR JOURDAIN. – Il y a de sottes gens qui me veulent dire qu'il a été marchand.

COVIELLE. – Lui, marchand ! C'est pure médisance, il ne l'a jamais été. Tout ce qu'il faisait, c'est qu'il était fort obligeant, fort officieux ; et comme il se connaissait fort bien en étoffes, il en allait choisir de tous les côtés, les faisait apporter chez lui, et en donnait à ses amis pour de l'argent.

MONSIEUR JOURDAIN. – Je suis ravi de vous connaître, afin que vous rendiez ce témoignage-là, que mon père était gentilhomme.

COVIELLE. – Je le soutiendrai devant tout le monde.

MONSIEUR JOURDAIN. – Vous m'obligerez. Quel sujet vous amène ?

COVIELLE. – Depuis avoir connu feu Monsieur votre père, honnête gentilhomme, comme je vous ai dit, j'ai voyagé par tout le monde.

MONSIEUR JOURDAIN. – Par tout le monde !

COVIELLE. – Oui.

MONSIEUR JOURDAIN. – Je pense qu'il y a bien loin en ce pays-là.

COVIELLE. – Assurément. Je ne suis revenu de tous mes longs voyages que depuis quatre jours ; et par l'intérêt que je prends à tout ce qui vous touche, je viens vous annoncer la meilleure nouvelle du monde.

MONSIEUR JOURDAIN. – Quelle ?

COVIELLE. – Vous savez que le fils du Grand Turc [1] est ici ?

MONSIEUR JOURDAIN. – Moi ? Non.

COVIELLE. – Comment ? il a un train [2] tout à fait magnifique ; tout le monde le va voir, et il a été reçu en ce pays comme un seigneur d'importance.

---

1. Allusion, transparente pour les spectateurs de l'époque, à l'envoyé du Grand Turc. Sur cette affaire compliquée, voir la Présentation, p. 9, et le Dossier, p. 172-174.
2. « *Train* se dit aussi d'une suite de valets, de chevaux, de mulets, et particulièrement des gens de livrée » (*Académie*).

MONSIEUR JOURDAIN. – Par ma foi ! je ne savais pas cela.

COVIELLE. – Ce qu'il y a d'avantageux pour vous, c'est qu'il est amoureux de votre fille.

MONSIEUR JOURDAIN. – Le fils du Grand Turc ?

COVIELLE. – Oui ; et il veut être votre gendre.

MONSIEUR JOURDAIN. – Mon gendre, le fils du Grand Turc !

COVIELLE. – Le fils du Grand Turc, votre gendre. Comme je le fus voir, et que j'entends parfaitement sa langue, il s'entretint avec moi ; et, après quelques autres discours, il me dit : « *Acciam croc soler ouch alla moustaph gidelum amanahem varahini oussere carbulath ?* », c'est-à-dire : « N'as-tu point vu une jeune belle personne, qui est la fille de Monsieur Jourdain, gentilhomme parisien ? »

MONSIEUR JOURDAIN. – Le fils du Grand Turc dit cela de moi ?

COVIELLE. – Oui. Comme je lui eus répondu que je vous connaissais particulièrement, et que j'avais vu votre fille : « Ah ! me dit-il, *marababa sahem* » ; c'est-à-dire : « Ah ! que je suis amoureux d'elle [1] ! »

MONSIEUR JOURDAIN. – *Marababa sahem* veut dire : « Ah ! que je suis amoureux d'elle » ?

COVIELLE. – Oui.

MONSIEUR JOURDAIN. – Par ma foi ! vous faites bien de me le dire, car pour moi je n'aurais jamais cru que

---

1. *Maraba sahem* signifie en réalité « Bonjour, maître ». Les quelques mots de turc ou d'arabe effectivement présents dans le texte (voir les notes suivantes) accréditent un peu l'idée que le chevalier d'Arvieux, qui maîtrisait parfaitement les deux langues, aurait participé à la rédaction du *Bourgeois gentilhomme*, comme il le dit dans ses *Mémoires*. En dehors des termes ici annotés, la langue parlée par Covielle est de pure fantaisie.

marababa sahem eût voulu dire : « Ah ! que je suis amoureux d'elle ! » Voilà une langue admirable que ce turc !

COVIELLE. – Plus admirable qu'on ne peut croire.
Savez-vous bien ce que veut dire *cacaracamouchen* ?

MONSIEUR JOURDAIN. – *Cacaracamouchen* ? Non.

COVIELLE. – C'est-à-dire : « Ma chère âme ».

MONSIEUR JOURDAIN. – *Cacaracamouchen* veut dire :
« Ma chère âme » ?

COVIELLE. – Oui.

MONSIEUR JOURDAIN. – Voilà qui est merveilleux !
Cacaracamouchen, « Ma chère âme ». Dirait-on jamais
cela ? Voilà qui me confond.

COVIELLE. – Enfin, pour achever mon ambassade, il
vient vous demander votre fille en mariage ; et pour avoir
un beau-père qui soit digne de lui, il veut vous faire
Mamamouchi [1], qui est une certaine grande dignité de
son pays.

MONSIEUR JOURDAIN. – *Mamamouchi* ?

COVIELLE. – Oui. *Mamamouchi* ; c'est-à-dire, en notre
langue, Paladin. Paladin, ce sont de ces anciens… Paladin enfin. Il n'y a rien de plus noble que cela dans le
monde, et vous irez de pair avec les plus grands seigneurs
de la terre.

MONSIEUR JOURDAIN. – Le fils du Grand Turc
m'honore beaucoup, et je vous prie de me mener chez lui
pour lui en faire mes remerciements.

COVIELLE. – Comment ? le voilà qui va venir ici.

MONSIEUR JOURDAIN. – Il va venir ici ?

---

1. Ce mot devenu célèbre est une invention de Molière, à partir de
l'arabe *baba mouchir* (« père pacha »), selon le *Trésor de la langue française*,
ou au contraire à partir de *ma menou schi* (« bon à rien ») selon le *Littré*.

COVIELLE. – Oui ; et il amène toutes choses pour la cérémonie de votre dignité.

MONSIEUR JOURDAIN. – Voilà qui est bien prompt.

COVIELLE. – Son amour ne peut souffrir aucun retardement.

MONSIEUR JOURDAIN. – Tout ce qui m'embarrasse ici, c'est que ma fille est une opiniâtre, qui s'est allée mettre dans la tête un certain Cléonte, et elle jure de n'épouser personne que celui-là.

COVIELLE. – Elle changera de sentiment quand elle verra le fils du Grand Turc ; et puis il se rencontre ici une aventure merveilleuse, c'est que le fils du Grand Turc ressemble à ce Cléonte, à peu de chose près. Je viens de le voir, on me l'a montré ; et l'amour qu'elle a pour l'un pourra passer aisément à l'autre, et... Je l'entends venir : le voilà.

Scène 4

CLÉONTE, *en Turc, avec trois pages portant sa veste*, MONSIEUR JOURDAIN, COVIELLE, *déguisé*

CLÉONTE. – *Ambousahim oqui boraf, Iordina salamalequi* [1].

COVIELLE. – C'est-à-dire : « Monsieur Jourdain, votre cœur soit toute l'année comme un rosier fleuri. » Ce sont façons de parler obligeantes de ces pays-là.

MONSIEUR JOURDAIN. – Je suis très humble serviteur de Son Altesse Turque.

COVIELLE. – *Carigar camboto oustin moraf.*

CLÉONTE. – *Oustin yoc catamalequi basum base alla moran.*

---

1. Forgé à partir de *salamalec* : « salut à toi ».

COVIELLE. – Il dit : « Que le Ciel vous donne la force des lions et la prudence des serpents ! »

MONSIEUR JOURDAIN. – Son Altesse Turque m'honore trop, et je lui souhaite toutes sortes de prospérités.

COVIELLE. – *Ossa binamen sadoc cabally oracaf ouram.*

CLÉONTE. – *Bel-men*[1].

COVIELLE. – Il dit que vous alliez vite avec lui vous préparer pour la cérémonie, afin de voir ensuite votre fille, et de conclure le mariage.

MONSIEUR JOURDAIN. – Tant de choses en deux mots ?

COVIELLE. – Oui, la langue turque est comme cela, elle dit beaucoup en peu de paroles. Allez vite où il souhaite.

Scène 5

DORANTE, COVIELLE

COVIELLE. – Ha, ha, ha ! Ma foi ! cela est tout à fait drôle. Quelle dupe ! Quand il aurait appris son rôle par cœur, il ne pourrait pas le mieux jouer. Ha, ha ! Je vous prie, Monsieur, de nous vouloir aider céans, dans une affaire qui s'y passe.

DORANTE. – Ah, ah, Covielle, qui t'aurait reconnu ? Comme te voilà ajusté !

COVIELLE. – Vous voyez. Ha, ha !

DORANTE. – De quoi ris-tu ?

COVIELLE. – D'une chose, Monsieur, qui le mérite bien.

DORANTE. – Comment ?

COVIELLE. – Je vous le donnerais en bien des fois, Monsieur, à deviner le stratagème dont nous nous servons

---

1. Signifie en réalité : « Je ne sais pas ».

auprès de Monsieur Jourdain, pour porter son esprit à donner sa fille à mon maître.

DORANTE. – Je ne devine point le stratagème, mais je devine qu'il ne manquera pas de faire son effet, puisque tu l'entreprends.

COVIELLE. – Je sais, Monsieur, que la bête vous est connue.

DORANTE. – Apprends-moi ce que c'est.

COVIELLE. – Prenez la peine de vous tirer un peu plus loin, pour faire place à ce que j'aperçois venir. Vous pourrez voir une partie de l'histoire, tandis que je vous conterai le reste.

La cérémonie turque pour ennoblir le Bourgeois se fait en danse et en musique, et compose le quatrième intermède.
Le Mufti [1], quatre dervis [2], six Turcs dansants, six Turcs musiciens, et autres joueurs d'instruments à la turque, sont les acteurs de cette cérémonie.
Le Mufti invoque Mahomet avec les douze Turcs et les quatre dervis ; après on lui amène le Bourgeois, vêtu à la turque, sans turban et sans sabre, auquel il chante ces paroles [3] :

LE MUFTI
Se ti sabir,
Ti respondir ;
Se non sabir,
Tazir, tazir.

---

1. « Chef de la religion mahométane » (*Académie*, 1762).
2. Ou « derviche » : moine turc.
3. Les dialogues qui suivent sont écrits non pas en turc ou en arabe mais dans une langue de l'invention de Molière, inspirée de la *lingua franca*. Cette « langue franque » était un mélange de français et d'italien qui servait de moyen de communication aux marchands dans tout le bassin méditerranéen.

Mi star Mufti,
Ti qui star ti ?
Non intendir :
Tazir, tazir [1].

Le Mufti demande, en même langue, aux
Turcs assistants de quelle religion est le
Bourgeois, et ils l'assurent qu'il est maho-
métan. Le Mufti invoque Mahomet en
langue franque, et chante les paroles qui
suivent :

LE MUFTI
Mahametta per Giourdina
Mi pregar sera é mattina :
Voler far un Paladina
Dé Giourdina, dé Giourdina.
Dar turbanta, é dar scarcina,
Con galera é brigantina,
Per deffender Palestina,
Mahametta, etc.

Le Mufti demande aux Turcs si le Bour-
geois sera ferme dans la religion mahomé-
tane, et leur chante ces paroles :

LE MUFTI
Star bon Turca Giourdina ?

LES TURCS
Hi valla.

LE MUFTI *danse et chante ces mots :*
Hu la ba ba la chou ba la ba ba la da.

Les Turcs répondent les mêmes vers.

Le Mufti propose de donner le turban au
Bourgeois, et chante les paroles qui
suivent :

---

1. L'effet comique de la scène vient du décalage entre le degré de
compréhension du spectateur, pour qui ce sabir est transparent, et celui
de Monsieur Jourdain, qui n'y comprend rien et en est émerveillé.

LE MUFTI
Ti non star furba ?

LES TURCS
No, no, no.

LE MUFTI
Non star furfanta ?

LES TURCS
No, no, no.

LE MUFTI
Donar turbanta, donar turbanta.

> *Les Turcs répètent tout ce qu'a dit le Mufti pour donner le turban au Bourgeois. Le Mufti et les dervis se coiffent avec des turbans de cérémonie ; et l'on présente au Mufti l'Alcoran[1], qui fait une seconde invocation avec tout le reste des Turcs assistants ; après son invocation, il donne au Bourgeois l'épée, et chante ces paroles :*

LE MUFTI
Ti star nobilé, é non star fabbola.
Pigliar schiabbola.

> *Les Turcs répètent les mêmes vers, mettant tous le sabre à la main, et six d'entre eux dansent autour du Bourgeois, auquel ils feignent de donner plusieurs coups de sabre.*
> *Le Mufti commande aux Turcs de bâtonner le Bourgeois, et chante les paroles qui suivent :*

LE MUFTI
Dara, dara,
Bastonnara, bastonnara.

---

1. C'est-à-dire : le Coran.

Les Turcs répètent les mêmes vers, et lui donnent plusieurs coups de bâton en cadence.
Le Mufti, après l'avoir fait bâtonner, lui dit en chantant :

LE MUFTI
Non tener honta :
Questa star ultima affronta.

Les Turcs répètent les mêmes vers.
Le Mufti recommence une invocation et se retire après la cérémonie avec tous les Turcs, en dansant et chantant avec plusieurs instruments à la turquesque.

ACTE V

Scène première

MADAME JOURDAIN, MONSIEUR JOURDAIN

MADAME JOURDAIN. – Ah mon Dieu ! miséricorde ! Qu'est-ce que c'est donc que cela ? Quelle figure [1] ! Est-ce un momon [2] que vous allez porter ; et est-il temps d'aller en masque ? Parlez donc, qu'est-ce que c'est que ceci ? Qui vous a fagoté comme cela ?

MONSIEUR JOURDAIN. – Voyez l'impertinente, de parler de la sorte à un *Mamamouchi* !

MADAME JOURDAIN. – Comment donc ?

MONSIEUR JOURDAIN. – Oui, il me faut porter du respect maintenant, et l'on vient de me faire *Mamamouchi*.

MADAME JOURDAIN. – Que voulez-vous dire avec votre *Mamamouchi* ?

MONSIEUR JOURDAIN. – *Mamamouchi*, vous dis-je. Je suis *Mamamouchi*.

MADAME JOURDAIN. – Quelle bête est-ce là ?

MONSIEUR JOURDAIN. – *Mamamouchi*, c'est-à-dire, en notre langue, Paladin.

MADAME JOURDAIN. – Baladin ! Êtes-vous en âge de danser des ballets ?

---

1. « Figure » signifie ici « apparence ».
2. « Un défi au jeu des dés porté par des masques. *Il alla en tel endroit où il porta un momon* » (*Académie*).

MONSIEUR JOURDAIN. – Quelle ignorante ! Je dis Paladin ; c'est une dignité dont on vient de me faire la cérémonie.

MADAME JOURDAIN. – Quelle cérémonie donc ?

MONSIEUR JOURDAIN. – *Mahameta per Jordina.*

MADAME JOURDAIN. – Qu'est-ce que cela veut dire ?

MONSIEUR JOURDAIN. – *Jordina*, c'est-à-dire Jourdain.

MADAME JOURDAIN. – Hé bien ! quoi, Jourdain ?

MONSIEUR JOURDAIN. *Voler far un Paladina de Jordina.*

MADAME JOURDAIN. – Comment ?

MONSIEUR JOURDAIN. – *Dar turbanta con galera.*

MADAME JOURDAIN. – Qu'est-ce à dire cela ?

MONSIEUR JOURDAIN. – *Per deffender Palestina.*

MADAME JOURDAIN. – Que voulez-vous donc dire ?

MONSIEUR JOURDAIN. – *Dara dara bastonnara.*

MADAME JOURDAIN. – Qu'est-ce donc que ce jargon-là ?

MONSIEUR JOURDAIN. – *Non tener honta : questa star l'ultima affronta.*

MADAME JOURDAIN. – Qu'est-ce que c'est donc que tout cela ?

MONSIEUR JOURDAIN *danse et chante.* – *Hou la ba ba la chou ba la ba ba la da* [1].

MADAME JOURDAIN. – Hélas, mon Dieu ! mon mari est devenu fou.

---

1. On notera que Monsieur Jourdain cite très précisément : il a été fort marqué par la cérémonie, beaucoup plus que par ses apprentissages de l'acte Ier.

MONSIEUR JOURDAIN, *sortant*. – Paix ! insolente, portez respect à Monsieur le *Mamamouchi*.

MADAME JOURDAIN. – Où est-ce qu'il a donc perdu l'esprit ? Courons l'empêcher de sortir. Ah, ah, voici justement le reste de notre écu [1]. Je ne vois que chagrin de tous les côtés.

Elle sort.

Scène 2

DORANTE, DORIMÈNE

DORANTE. – Oui, Madame, vous verrez la plus plaisante [2] chose qu'on puisse voir ; et je ne crois pas que dans tout le monde il soit possible de trouver encore un homme aussi fou que celui-là. Et puis, Madame, il faut tâcher de servir l'amour de Cléonte, et d'appuyer toute sa mascarade : c'est un fort galant homme, et qui mérite que l'on s'intéresse pour lui.

DORIMÈNE. – J'en fais beaucoup de cas, et il est digne d'une bonne fortune.

DORANTE. – Outre cela, nous avons ici, Madame, un ballet qui nous revient, que nous ne devons pas laisser perdre, et il faut bien voir si mon idée pourra réussir.

DORIMÈNE. – J'ai vu là des apprêts magnifiques [3], et ce sont des choses, Dorante, que je ne puis plus souffrir. Oui, je veux enfin vous empêcher vos profusions [4] ; et, pour rompre le cours à toutes les dépenses que je vous

---

1. « Quand on voit venir un importun en une compagnie, on dit : "voilà le reste de notre écu" » (Furetière). Mme Jourdain commente ici l'arrivée de Dorante et Dorimène : c'est une « liaison par vue ».
2. Voir note 2, p. 107.
3. La préparation du ballet final.
4. Le terme désigne de grandes dépenses.

vois faire pour moi, j'ai résolu de me marier promptement avec vous : c'en est le vrai secret [1], et toutes ces choses finissent avec le mariage.

DORANTE. – Ah, Madame, est-il possible que vous ayez pu prendre pour moi une si douce résolution ?

DORIMÈNE. – Ce n'est que pour vous empêcher de vous ruiner ; et, sans cela, je vois bien qu'avant qu'il fût peu, vous n'auriez pas un sou.

DORANTE. – Que j'ai d'obligation, Madame, aux soins que vous avez de conserver mon bien ! Il est entièrement à vous, aussi bien que mon cœur, et vous en userez de la façon qu'il vous plaira.

DORIMÈNE. J'userai bien de tous les deux. Mais voici votre homme ; la figure [2] en est admirable.

Scène 3

MONSIEUR JOURDAIN, DORANTE, DORIMÈNE

DORANTE. – Monsieur, nous venons rendre hommage, Madame et moi, à votre nouvelle dignité, et nous réjouir avec vous du mariage que vous faites de votre fille avec le fils du Grand Turc.

MONSIEUR JOURDAIN, *après avoir fait les révérences à la turque*. – Monsieur, je vous souhaite la force des serpents et la prudence des lions.

DORIMÈNE. – J'ai été bien aise d'être des premières, Monsieur, à venir vous féliciter du haut degré de gloire où vous êtes monté.

---

1. Autrement dit : c'en est le vrai moyen. « On appelle figurément *secret* toutes sortes de moyens, d'inventions, d'adresses pour venir à bout de quelque chose, pour y réussir » (*Académie*).
2. Voir note 1, p. 130.

MONSIEUR JOURDAIN. – Madame, je vous souhaite toute l'année votre rosier fleuri [1] ; je vous suis infiniment obligé de prendre part aux honneurs qui m'arrivent, et j'ai beaucoup de joie de vous voir revenue ici pour vous faire les très humbles excuses de l'extravagance de ma femme.

DORIMÈNE. – Cela n'est rien, j'excuse en elle un pareil mouvement ; votre cœur lui doit être précieux, et il n'est pas étrange que la possession d'un homme comme vous puisse inspirer quelques alarmes.

MONSIEUR JOURDAIN. – La possession de mon cœur est une chose qui vous est tout acquise.

DORANTE. – Vous voyez, Madame, que Monsieur Jourdain n'est pas de ces gens que les prospérités aveuglent, et qu'il sait, dans sa gloire, connaître encore ses amis.

DORIMÈNE. – C'est la marque d'une âme tout à fait généreuse.

DORANTE. – Où est donc Son Altesse Turque ? Nous voudrions bien, comme vos amis, lui rendre nos devoirs.

MONSIEUR JOURDAIN. – Le voilà qui vient, et j'ai envoyé quérir ma fille pour lui donner la main [2].

Scène 4

CLÉONTE, COVIELLE, MONSIEUR JOURDAIN, DORIMÈNE, DORANTE

DORANTE. – Monsieur, nous venons faire la révérence à Votre Altesse, comme amis de Monsieur votre beau-père, et l'assurer avec respect de nos très humbles services.

---

1. Chose bien difficile étant donné les changements de saison. Dans la bouche de Covielle, plus haut, c'était une comparaison.
2. Sous-entendu : pour le saluer.

MONSIEUR JOURDAIN. – Où est le truchement[1] pour lui dire qui vous êtes, et lui faire entendre ce que vous dites ? Vous verrez qu'il vous répondra, et il parle turc à merveille. Holà ! où diantre[2] est-il allé ? (*À Cléonte.*) *Strouf, strif, strof, straf.* Monsieur est un *grande Segnore, grande Segnore, grande Segnore* ; et Madame une *granda Dama, granda Dama. Ahi*, lui, Monsieur, lui *Mamamouchi* français, et Madame *Mamamouchie* française : je ne puis pas parler plus clairement. Bon, voici l'interprète. Où allez-vous donc ? nous ne saurions rien dire sans vous. Dites-lui un peu que Monsieur et Madame sont des personnes de grande qualité[3], qui lui viennent faire la révérence, comme mes amis, et l'assurer de leurs services. Vous allez voir comme il va répondre.

COVIELLE. – *Alabala crociam acci boram alabamen.*

CLÉONTE. – *Catalequi tubal ourin soter amalouchan.*

MONSIEUR JOURDAIN. – Voyez-vous ?

COVIELLE. – Il dit : Que la pluie des prospérités arrose en tout temps le jardin de votre famille !

MONSIEUR JOURDAIN. – Je vous l'avais bien dit, qu'il parle turc.

DORANTE. – Cela est admirable.

Scène 5

LUCILE, MONSIEUR JOURDAIN, DORANTE, DORIMÈNE, CLÉONTE, COVIELLE

MONSIEUR JOURDAIN. – Venez, ma fille, approchez-vous et venez donner votre main à Monsieur, qui vous fait l'honneur de vous demander en mariage.

---

1. Mot vieilli synonyme d'« interprète ».
2. Voir note 1, p. 57.
3. De haute noblesse.

LUCILE. – Comment, mon père, comme vous voilà fait ! est-ce une comédie que vous jouez ?

MONSIEUR JOURDAIN. – Non, non, ce n'est pas une comédie, c'est une affaire sérieuse, et la plus pleine d'honneur pour vous qui se peut souhaiter. Voilà le mari que je vous donne.

LUCILE. – À moi, mon père !

MONSIEUR JOURDAIN. – Oui, à vous : allons, touchez-lui dans la main, et rendez grâces au Ciel de votre bonheur.

LUCILE. – Je ne veux point me marier.

MONSIEUR JOURDAIN. – Je le veux, moi qui suis votre père.

LUCILE. – Je n'en ferai rien.

MONSIEUR JOURDAIN. – Ah ! que de bruit ! Allons, vous dis-je. Çà, votre main.

LUCILE. – Non, mon père, je vous l'ai dit, il n'est point de pouvoir qui me puisse obliger de prendre un autre mari que Cléonte ; et je me résoudrai plutôt à toutes les extrémités, que de... (*Reconnaissant Cléonte.*) Il est vrai que vous êtes mon père, je vous dois entière obéissance, et c'est à vous à disposer de moi selon vos volontés.

MONSIEUR JOURDAIN. – Ah ! je suis ravi de vous voir si promptement revenue dans votre devoir, et voilà qui me plaît, d'avoir une fille obéissante.

Scène 6

MADAME JOURDAIN, MONSIEUR JOURDAIN, CLÉONTE,
LUCILE, DORANTE, DORIMÈNE, COVIELLE

MADAME JOURDAIN. – Comment donc ? qu'est-ce que
ceci ? On dit que vous voulez donner votre fille en
mariage à un carême-prenant [1] ?

MONSIEUR JOURDAIN. – Voulez-vous vous taire, impertinente ? Vous venez toujours mêler vos extravagances à
toutes choses, et il n'y a pas moyen de vous apprendre à
être raisonnable.

MADAME JOURDAIN. – C'est vous qu'il n'y a pas moyen
de rendre sage, et vous allez de folie en folie. Quel est
votre dessein, et que voulez-vous faire avec cet
assemblage [2] ?

MONSIEUR JOURDAIN. – Je veux marier notre fille avec
le fils du Grand Turc.

MADAME JOURDAIN. – Avec le fils du Grand Turc !

MONSIEUR JOURDAIN. – Oui, faites-lui faire vos compliments par le truchement que voilà.

MADAME JOURDAIN. – Je n'ai que faire du truchement,
et je lui dirai bien moi-même à son nez qu'il n'aura point
ma fille.

MONSIEUR JOURDAIN – Voulez-vous vous taire, encore
une fois ?

DORANTE. – Comment, Madame Jourdain, vous vous
opposez à un bonheur comme celui-là ? Vous refusez Son
Altesse Turque pour gendre ?

---

1. La fête de carême-prenant était le Mardi gras (voir note 3, p. 73).
« On appelle familièrement des carêmes-prenants ceux qui courent en
masque mal habillés dans les rues pendant les jours gras. On dit encore
d'une personne vêtue d'une manière extravagante, que c'est un vrai
carême-prenant » (*Académie*).
2. « Assemblage » pour dire « union », mais le mot est sans doute
très péjoratif ici.

MADAME JOURDAIN. – Mon Dieu, Monsieur, mêlez-vous de vos affaires.

DORIMÈNE. – C'est une grande gloire, qui n'est pas à rejeter.

MADAME JOURDAIN. – Madame, je vous prie aussi de ne vous point embarrasser de ce qui ne vous touche [1] pas.

DORANTE. – C'est l'amitié que nous avons pour vous qui nous fait intéresser dans vos avantages [2].

MADAME JOURDAIN. – Je me passerai bien de votre amitié.

DORANTE. – Voilà votre fille qui consent aux volontés de son père.

MADAME JOURDAIN. – Ma fille consent à épouser un Turc ?

DORANTE. – Sans doute.

MADAME JOURDAIN. – Elle peut oublier Cléonte ?

DORANTE. – Que ne fait-on pas pour être grand-dame ?

MADAME JOURDAIN. – Je l'étranglerais de mes mains, si elle avait fait un coup comme celui-là.

MONSIEUR JOURDAIN. – Voilà bien du caquet [3]. Je vous dis que ce mariage-là se fera.

MADAME JOURDAIN. – Je vous dis, moi, qu'il ne se fera point.

MONSIEUR JOURDAIN. – Ah ! que de bruit !

LUCILE. – Ma mère.

MADAME JOURDAIN. – Allez, vous êtes une coquine.

---

1. Ici : concerne.
2. C'est-à-dire : qui nous pousse à nous intéresser à ce qui peut être avantageux pour vous.
3. Voir note 3, p. 74.

MONSIEUR JOURDAIN. – Quoi ? vous la querellez de ce qu'elle m'obéit ?

MADAME JOURDAIN. – Oui ; elle est à moi aussi bien qu'à vous.

COVIELLE. – Madame.

MADAME JOURDAIN. – Que me voulez-vous conter, vous ?

COVIELLE. – Un mot.

MADAME JOURDAIN. – Je n'ai que faire de votre mot.

COVIELLE, *à Monsieur Jourdain*. – Monsieur, si elle veut écouter une parole en particulier, je vous promets de la faire consentir à ce que vous voulez.

MADAME JOURDAIN. – Je n'y consentirai point.

COVIELLE. – Écoutez-moi seulement.

MADAME JOURDAIN. – Non.

MONSIEUR JOURDAIN. – Écoutez-le.

MADAME JOURDAIN. – Non, je ne veux pas écouter.

MONSIEUR JOURDAIN. – Il vous dira…

MADAME JOURDAIN. – Je ne veux point qu'il me dise rien.

MONSIEUR JOURDAIN. – Voilà une grande obstination de femme ! Cela vous fera-t-il mal de l'entendre ?

COVIELLE. – Ne faites que m'écouter ; vous ferez après ce qu'il vous plaira.

MADAME JOURDAIN. – Hé bien ! quoi ?

COVIELLE, *à part*. – Il y a une heure, Madame, que nous vous faisons signe. Ne voyez-vous pas bien que tout ceci n'est fait que pour nous ajuster aux visions de votre mari,

que nous l'abusons sous ce déguisement, et que c'est Cléonte lui-même qui est le fils du Grand Turc ?

MADAME JOURDAIN. – Ah ! ah !

COVIELLE. – Et moi Covielle qui suis le truchement ?

MADAME JOURDAIN. – Ah ! comme cela, je me rends.

COVIELLE. – Ne faites pas semblant de rien [1].

MADAME JOURDAIN. – Oui, voilà qui est fait, je
consens au mariage.

MONSIEUR JOURDAIN. – Ah ! voilà tout le monde raisonnable [2]. Vous ne vouliez pas l'écouter. Je savais bien
qu'il vous expliquerait ce que c'est que le fils du Grand
Turc.

MADAME JOURDAIN. – Il me l'a expliqué comme il faut,
et j'en suis satisfaite. Envoyons quérir un notaire.

DORANTE. – C'est fort bien dit. Et afin, Madame Jourdain, que vous puissiez avoir l'esprit tout à fait content,
et que vous perdiez aujourd'hui toute la jalousie que
vous pourriez avoir conçue de Monsieur votre mari, c'est
que nous nous servirons du même notaire pour nous
marier, Madame et moi.

MADAME JOURDAIN. – Je consens aussi à cela.

MONSIEUR JOURDAIN. – C'est pour lui faire accroire [3].

DORANTE. – Il faut bien l'amuser avec cette feinte.

MONSIEUR JOURDAIN. – Bon, bon. Qu'on aille vite
quérir le notaire.

---

1. Ce qui signifie : faites comme si de rien n'était.
2. Cette phrase est le couronnement du vaste processus d'inversion
de la raison commencé par Monsieur Jourdain au début de la pièce. Il
n'a cessé de traiter tous les autres personnages d'extravagants.
3. C'est-à-dire : pour la tromper.

DORANTE. – Tandis qu'il viendra, et qu'il dressera les contrats, voyons notre ballet, et donnons-en le divertissement à Son Altesse turque.

MONSIEUR JOURDAIN. – C'est fort bien avisé : allons prendre nos places.

MADAME JOURDAIN. – Et Nicole ?

MONSIEUR JOURDAIN. – Je la donne au truchement ; et ma femme à qui la voudra.

COVIELLE. – Monsieur, je vous remercie. Si l'on en peut voir un plus fou, je l'irai dire à Rome [1].

> *La comédie finit par un petit ballet qui avait été préparé.*

Première entrée [2]

Un homme vient donner les livres [3] du ballet, qui d'abord est fatigué [4] par une multitude de gens de provinces différentes, qui crient en musique pour en avoir, et par trois importuns, qu'il trouve toujours sur ses pas [5].

Dialogue des gens
qui en musique demandent des livres

TOUS
À moi, Monsieur, à moi de grâce, à moi, Monsieur :
Un livre, s'il vous plaît, à votre serviteur.

HOMME DU BEL AIR [6]
Monsieur, distinguez-nous parmi les gens qui crient.
Quelques livres ici, les Dames vous en prient.

---

1. Proverbe très utilisé au XVIIᵉ siècle.
2. Ce chœur est écrit en quatre parties et non en cinq comme c'était l'usage. Il cherche par le mélange des voix à suggérer le désordre de la foule.
3. Qu'on appelle aujourd'hui « livrets ».
4. Ici : harcelé, importuné.
5. Le procédé de la mise en abyme du spectacle était déjà traditionnel à l'époque.
6. C'est-à-dire : homme à la mode.

AUTRE HOMME DU BEL AIR

Holà ! Monsieur, Monsieur, ayez la charité
D'en jeter de notre côté.

FEMME DU BEL AIR

Mon Dieu ! qu'aux personnes bien faites
On sait peu rendre honneur céans [1].

AUTRE FEMME DU BEL AIR

Ils n'ont des livres et des bancs
Que pour Mesdames les grisettes [2].

GASCON

Aho ! l'homme aux libres, qu'on m'en vaille !
J'ai déjà lé poumon usé.
Bous boyez qué chacun mé raille ;
Et jé suis scandalisé
De boir és mains [3] dé la canaille
Cé qui m'est par bous refusé.

AUTRE GASCON

Eh cadédis ! Monseu, boyez qui l'on pût estre :
Un libret, je bous prie, au varon d'Asbarat.
Jé pense, mordy, qué lé fat
N'a pas l'honnur dé mé connoistre.

LE SUISSE

Mon'-sieur le donneur de papieir,
Que veul dir sty façon de fifre ?
Moy l'écorchair tout mon gosieir
A crieir,
Sans que je pouvre afoir ein lifre :
Pardy, mon foy ! Mon'-sieur, je pense fous l'estre ifre.

VIEUX BOURGEOIS BABILLARD

De tout ceci, franc et net,
Je suis mal satisfait.

---

1. Voir note 4, p. 48.
2. Terme désignant les jeunes filles du peuple.
3. Autrement dit : dans les mains.

Et cela sans doute est laid,
Que notre fille,
Si bien faite et si gentille,
De tant d'amoureux l'objet,
N'ait pas à son souhait
Un livre de ballet,
Pour lire le sujet
Du divertissement qu'on fait,
Et que toute notre famille
Si proprement s'habille,
Pour être placée au sommet
De la salle [1]*, où l'on met*
Les gens de Lantriguet [2] *:*
De tout ceci, franc et net,
Je suis mal satisfait,
Et cela sans doute est laid.

VIEILLE BOURGEOISE BABILLARDE
Il est vrai que c'est une honte,
Le sang au visage me monte,
Et ce jeteur de vers qui manque au capital [3]
L'entend fort mal ;
C'est un brutal,
Un vrai cheval,
Franc animal,
De faire si peu de compte
D'une fille qui fait l'ornement principal
Du quartier du Palais-Royal [4]*,*
Et que ces jours passés un comte
Fut prendre la première au bal.
Il l'entend mal ;
C'est un brutal,

---

1. C'est-à-dire : tout au fond.
2. Landreguet (Tréguet, en Bretagne). Le vieux bourgeois se plaint d'avoir été placé avec des « bouseux ».
3. C'est-à-dire : aux choses essentielles.
4. C'est le quartier du théâtre de Molière.

> *Un vrai cheval,*
> *Franc animal.*

HOMMES ET FEMMES DU BEL AIR

Ah ! quel bruit !
> *Quel fracas !*
>> *Quel chaos !*
>>> *Quel mélange !*

Quelle confusion !
> *Quelle cohue étrange !*
Quel désordre !
>> *Quel embarras !*
On y sèche.
> *L'on n'y tient pas.*

GASCON

Bentré ! jé suis à vout.

AUTRE GASCON

> *J'enrage, Diou mé damme !*

SUISSE

Ah que ly faire saif dans sty sal de cians !

GASCON

> *Jé murs.*

AUTRE GASCON

> *Jé perds la tramontane* [1].

SUISSE

Mon foy ! moy le foudrois estre hors de dedans.

VIEUX BOURGEOIS BABILLARD

> *Allons, ma mie,*
> *Suivez mes pas,*
> *Je vous en prie,*
> *Et ne me quittez pas :*

---

1. « On dit figurément qu'*un homme a perdu la tramontane* pour dire qu'il ne sait plus où il en est, qu'il ne sait plus ce qu'il fait, ce qu'il dit » (*Académie*).

On fait de nous trop peu de cas,
    Et je suis las
    De ce tracas :
    Tout ce fatras,
    Cet embarras
Me pèse par trop sur les bras,
   S'il me prend jamais envie
   De retourner de ma vie
   À ballet ni comédie,
   Je veux bien qu'on m'estropie.
    Allons, ma mie,
    Suivez mes pas,
    Je vous en prie,
  Et ne me quittez pas :
On fait de nous trop peu de cas.

   VIEILLE BOURGEOISE BABILLARDE
 Allons, mon mignon, mon fils,
 Regagnons notre logis,
 Et sortons de ce taudis,
 Où l'on ne peut être assis :
 Ils seront bien ébaubis [1]
 Quand ils nous verront partis,
Trop de confusion règne dans cette salle,
Et j'aimerais mieux être au milieu de la Halle.
Si jamais je reviens à semblable régale [2],
Je veux bien recevoir des soufflets plus de six.
 Allons, mon mignon, mon fils,
 Regagnons notre logis,
 Et sortons de ce taudis,
 Où l'on ne peut être assis.

    TOUS
À moi, Monsieur, à moi de grâce, à moi, Monsieur :
Un livre s'il vous plaît, à votre serviteur.

---

1. Synonyme de « surpris ».
2. Voir note 2, p. 118.

Seconde entrée

LES TROIS IMPORTUNS *dansent.*

Troisième entrée

TROIS ESPAGNOLS *chantent* :
Sé que me muero de amor,
Y solicito el dolor.

Aun muriendo de querer,
De tan buen ayre adolezco,
Que es mas de lo que padezco
Lo que quiero padecer,
Y no pudiendo exceder
A mi deseo el rigor.

Sé que me muero de amor,
Y solicito el dolor.

Lisonxeame la suerte
Con piedad tan advertida,
Que me asegura la vida
En el riesgo de la muerte.
Vivir de su golpe fuerte
Es de mi salud primor.

Sé que, etc. [1]

TROIS MUSICIENS ESPAGNOLS
Ay ! que locura, con tanto rigor [2]

---

1. Traduction : « Je sais que je me meurs d'amour,/ Et je recherche
la douleur.// Quoique mourant de désir/ Je dépéris de si bon air/ Que
ce que je désire souffrir/ Est plus que ce que je souffre ;/ Et la rigueur
de mon mal ne peut excéder mon désir// Je sais que je me meurs
d'amour,/ Et je recherche la douleur.// Le sort me flatte avec une pitié
si attentive/ Qu'il m'assure la vie dans le danger de la mort./ Vivre d'un
coup si fort/ Est le prodige de mon salut.// Je sais, etc. »
2. Ce qui suit est un air pour voix de basse accompagnée de deux
« dessus ».

Quexarse de Amor,
Del niño bonito
Que todo es dulçura !
Ay ! que locura !
Ay ! que locura[1] *!*

ESPAGNOLS, *chantant*
El dolor solicita
El que al dolor se da ;
Y nadie de amor muere,
Sino quien no save amar[2]*.*

DEUX ESPAGNOLS
Dulce muerte es el amor
Con correspondencia ygual ;
Y si ésta gozamos o,
Porque la quieres turbar[3] *?*

UN ESPAGNOL
Alegrese enamorado[4]*,*
Y tome mi parecer ;
Que en esto de querer,
Todo es hallar el vado[5]*.*

TOUS TROIS *ensemble*
Vaya, vaya de fiestas !
Vaya de vayle !

---

1. Traduction : « Ah ! Quelle folie de se plaindre/ De l'Amour avec tant de rigueur !/ De l'enfant gentil qui est la douceur même !/ Ah ! Quelle folie !/ Ah ! Quelle folie ! »
2. « La douleur tourmente/ Celui qui s'abandonne à la douleur ;/ Et personne ne meurt d'amour,/ Si ce n'est celui qui ne sait pas aimer. »
3. « L'amour est une douce mort,/ Quand on est payé de retour ;/ Et si nous en jouissons aujourd'hui,/ Pourquoi la veux-tu troubler ? »
4. Air de basse accompagné de deux violons.
5. Traduction : « Que l'amant se réjouisse/ Et adopte mon avis ;/ Car lorsqu'on désire,/ Tout est de trouver le moyen. »

> *Alegria, alegria, alegria !*
> *Que esto de dolor es fantasia* [1].

Quatrième entrée

ITALIENS

UNE MUSICIENNE ITALIENNE *fait le premier récit,*
dont voici les paroles :
> *Di rigori armata il seno,*
> *Contro amor mi ribellai ;*
> *Ma fui vinta in un baleno*
> *In mirar duo vaghi rai ;*
> *Ahi ! che resiste puoco*
> *Cor di gelo a stral di fuoco !*
>
> *Ma sì caro è'l mio tormento,*
> *Dolce è sí la piaga mia,*
> *Ch'il penare è'l mio contento,*
> *E'l sanarmi è tirannia,*
> *Ahi ! che più giova e piace,*
> *Quanto amor è piu vivace* [2] !

> *Après l'air que la musicienne a chanté,*
> *deux Scaramouches, deux Trivelins, et un*
> *Arlequin* [3] *représentent une nuit* [4] *à la*
> *manière des comédiens italiens, en*
> *cadence.*

---

1. Traduction : « Allons, allons, des fêtes !/ Allons, de la danse !/ Joie, joie, joie !/ La douleur n'est qu'une fantaisie. »

2. « Ayant armé mon sein de rigueur,/ Je me révoltai contre l'Amour ;/ Mais je fus vaincue avec la promptitude de l'éclair,/ En regardant deux beaux yeux./ Ah ! Qu'un cœur de glace résiste peu/ À une flèche de feu /// Cependant, mon tourment m'est si cher,/ Et ma plaie m'est si douce,/ Que ma peine fait mon bonheur,/ Et que me guérir serait une tyrannie./ Ah ! Plus l'amour est vif,/ Plus il a de charmes et cause de plaisir. »

3. Scaramouche, Trivelin et Arlequin sont trois personnages traditionnels de la comédie italienne.

4. *Scena di notte* à cinq parties.

Un musicien italien se joint à la musi-
cienne italienne, et chante avec elle les
paroles qui suivent :

LE MUSICIEN ITALIEN
Bel tempo che vola
Rapisce il contento ;
D'Amor nella scola
Si coglie il momento [1].

LA MUSICIENNE
Insin che florida
Ride l'età,
Che pur tropp' orrida
Da noi sen và [2],

TOUS DEUX
Sù cantiamo,
Sù godiamo
Nébei dí di gioventù :
Perduto ben non si racquista più [3].

MUSICIEN
Pupilla che vaga
Mill' alme incatena ;
Fà dolce la piaga,
Felice la pena [4].

MUSICIENNE
Ma poiche frigida
Langue l'età,

---

1. Traduction : « Le beau temps, qui s'envole,/ Emporte le plaisir ;/
À l'école d'amour/ On apprend à profiter du moment. »
2. « Tant que rit/ L'âge fleuri/ Qui trop promptement, hélas !/
S'éloigne de nous. »
3. « Chantons,/ Jouissons/ Dans les beaux jours de la jeunesse ;/ Un
bien perdu ne se recouvre plus. »
4. « Un bel œil/ Enchaîne mille cœurs ;/ Ses blessures sont douces,/
Le mal qu'il cause est un bonheur. »

Più l'alma rigida
Fiamme non ha [1].

TOUS DEUX
Sù cantiamo, etc. [2].

Après le dialogue italien, les Scara-
mouches et Trivelins dansent une réjouis-
sance [3].

Cinquième entrée

FRANÇAIS

PREMIER MENUET [4]
DEUX MUSICIENS POITEVINS *dansent et chantent les paroles*
qui suivent :
Ah ! qu'il fait beau dans ces bocages !
Ah ! que le Ciel donne un beau jour !

AUTRE MUSICIEN
Le rossignol, sous ces tendres feuillages,
Chante aux échos son doux retour :
Ce beau séjour,
Ces doux ramages,
Ce beau séjour
Nous invite à l'amour.

SECOND MENUET
TOUS DEUX *ensemble*
Vois, ma Climène,
Vois sous ce chêne
S'entre-baiser ces oiseaux amoureux ;
Ils n'ont rien dans leurs vœux

----

1. Traduction : « Mais quand languit/ L'âge glacé,/ L'âme engourdie/ N'a plus de feux. »
2. « Chantons, etc. ».
3. En l'occurrence une chaconne, danse italienne.
4. L'entrée des Français est composée des deux menuets que le maître de musique annonçait à la scène première de l'acte II.

> *Qui les gêne ;*
> *De leurs doux feux*
> *Leur âme est pleine.*
> *Qu'ils sont heureux !*
> *Nous pouvons tous deux,*
> *Si tu le veux,*
> *Être comme eux.*

> *Six autres Français viennent après, vêtus galamment* [1] *à la poitevine, trois en hommes et trois en femmes, accompagnés de huit flûtes et de hautbois, et dansent les menuets.*

Sixième entrée

Tout cela finit par le mélange des trois nations, et les applaudissements en danse et en musique de toute l'assistance, qui chante les deux vers qui suivent :

Quels spectacles charmants, quels plaisirs goûtons-nous !
Les dieux mêmes, les dieux n'en ont point de plus doux.

---

1. En l'occurrence : vêtus élégamment.

DOSSIER

1 — *Le genre de la comédie-ballet*

2 — *Bourgeoisie, noblesse
et mobilité sociale au XVIIᵉ siècle*

3 — *Les règles de la politesse mondaine*

4 — *Exotismes*

5 — *Mises en scène*

LA NAISSANCE DU GENRE SELON MOLIÈRE :
« AVERTISSEMENT » DES *FÂCHEUX* (1661)

Le genre de la comédie-ballet, connu surtout grâce au succès du *Bourgeois gentilhomme* (1670) et celui du *Malade imaginaire* (1673), a en fait été inventé beaucoup plus tôt par Molière dès 1661, avec *Les Fâcheux*. La pièce fut jouée à l'occasion de la plus fameuse fête du Grand Siècle : celle qui fut donnée par Fouquet, ministre des Finances, en son château de Vaux-le-Vicomte, peu avant sa chute. Le genre est ainsi lié dès son origine aux grandes fêtes de cour, et le restera jusqu'à la mort de Molière, en 1673. Cet « Avertissement » est un document unique et émouvant, qui raconte la naissance de la comédie-ballet, premier avatar de ce qui deviendra beaucoup plus tard, sous l'impulsion de Lully, l'opéra français.

Il n'y a personne qui ne sache pour quelle réjouissance la pièce fut composée, et cette fête a fait un tel éclat, qu'il n'est pas nécessaire d'en parler ; mais il ne sera pas hors de propos de dire deux paroles des ornements qu'on a mêlés avec la comédie.

Le dessein était de donner un ballet aussi ; et comme il n'y avait qu'un petit nombre choisi de danseurs excellents, on fut contraint de séparer les entrées de ce ballet, et l'avis fut de les jeter dans les entractes de la comédie, afin que ces intervalles donnassent temps aux mêmes baladins de revenir sous d'autres habits. De sorte que, pour ne point rompre aussi le fil de la pièce par ces manières d'intermèdes, on s'avisa de les coudre au sujet du mieux que l'on put, et de ne faire qu'une seule chose du ballet et de la comédie ; mais comme le temps était fort précipité, et que tout cela ne fut pas réglé entièrement par une même tête, on trouvera peut-être quelques endroits du ballet qui n'entrent pas dans la comédie aussi naturellement que d'autres. Quoi qu'il en soit, c'est un mélange qui est nouveau pour nos théâtres, et dont on pourrait chercher quelques autorités dans l'Antiquité ; et, comme tout le monde l'a trouvé agréable, il peut servir d'idée à d'autres choses qui pourraient être méditées avec plus de loisir.

D'abord que la toile fut levée, un des acteurs, comme vous pourriez dire moi, parut sur le théâtre en habit de ville, et s'adressant au roi avec le visage d'un homme surpris, fit des excuses en désordre sur ce qu'il se trouvait là seul, et manquait de temps et d'acteurs pour donner à Sa Majesté le divertissement qu'elle semblait attendre. En même temps, au milieu de vingt jets d'eau naturels, s'ouvrit cette coquille que tout le monde a vue, et l'agréable naïade qui parut dedans s'avança au bord du théâtre, et, d'un air héroïque, prononça les vers que Monsieur Pellisson [1] avait faits, et qui servent de prologue [2].

LA COMÉDIE-BALLET, UNE COMÉDIE DE LA FOLIE ?

Dans son livre célèbre, *Molière ou les Métamorphoses du comique*, Gérard Defaux établit un lien entre trois aspects majeurs, apparemment très différents, du théâtre de la fin de la carrière de Molière : la prééminence du genre de la comédie-ballet, la « philosophie » du dramaturge, perçue comme hédoniste, et enfin son relatif désintérêt pour les préoccupations morales qui avaient été tellement importantes dans les grandes pièces du milieu de sa carrière (*Le Tartuffe*, *Dom Juan*, *Le Misanthrope*).

1. Le prologue en vers des *Fâcheux*, dit par Madeleine Béjart jouant une naïade, n'avait pas été écrit par Molière lui-même, mais par Paul Pellisson, homme de lettres du temps, secrétaire de Fouquet.
2. Molière, *Les Fâcheux*, « Avertissement », in *Œuvres complètes*, éd. G. Mongrédien, GF-Flammarion, 1964, t. III, p. 407-408.

Ce désengagement, selon Gérard Defaux, proviendrait de la désillusion et de la frustration provoquées chez Molière par l'échec de ses trois grandes pièces morales : l'interdiction de représenter *Le Tartuffe* en public de 1664 à 1669 à la demande de l'archevêque de Paris, l'« étouffement » politique de *Dom Juan* (la pièce ne fut jouée qu'un mois environ en 1665) et l'échec du *Misanthrope* auprès du public.

Toutes les comédies de la période 1666-1669 constituent autant de comédies sur la comédie, de réflexions logiques et cohérentes sur les moyens et sur les fins du théâtre comique, d'interrogations patiemment et délibérément menées sur les grands problèmes humains et théoriques auxquels Molière se trouve confronté depuis l'interdiction du *Tartuffe* : problème de l'apparence du vice et de la vertu, de la vraie et de la fausse vertu, problème de la vérité et de sa communication, de son caractère relatif ou absolu, problème de l'attitude à adopter face à un monde que la Providence de la nature a bel et bien déserté, et à un homme qui s'est révélé sourd à la voix de la raison et que sa nature ne destine plus nécessairement comme par le passé à la justice, à la vérité et à la vertu. Les certitudes d'autrefois s'effritent peu à peu, pour faire place à un scepticisme ironique, hédoniste et lucide, à une nouvelle sagesse qui, dans cette grande et universelle comédie qui se joue sur la terre entre les hommes, souligne surtout la nécessité du rire et de l'accommodement. Somme toute, et à considérer le grand débat théologique et moral autour duquel gravite l'essentiel des spéculations du siècle Molière passe d'un pôle à l'autre. Lui qui a commencé par partager avec la grande majorité de ses contemporains une vision disons moliniste [celle des Jésuites] de l'homme et du monde voit plutôt maintenant les choses avec les yeux de Pascal ou de La Rochefoucauld. Et si son pessimisme diffère en quelque façon du leur, c'est moins au niveau du constat qu'à celui des conséquences qu'il convient d'en tirer. L'homme certes n'est pas pour Molière nécessairement méchant et corrompu. Mais quand il l'est, comme par exemple l'est Harpagon, aucune remontrance au monde n'est capable de le corriger. Et la comédie qui, il n'y a pas longtemps encore, s'enorgueillissait de ses ambitions morales,

attaquait, jugeait et condamnait les vices du siècle en plein
théâtre, se voit maintenant, pour survivre, contrainte de
s'accommoder souplement, complaisamment, hypocritement
à eux. Plus rien ne distingue alors vraiment son jeu de celui
du monde, sinon la fin – entre toutes légitime : la défense de
la joie, de l'amour et de la jeunesse – qu'elle se propose. Ses
moyens se font volontiers louches, pour ne pas dire illicites.
Elle abandonne, avec Sbrigani, Nérine et Scapin, tout souci
de respectabilité. Son indifférence à l'égard des questions
spécifiquement morales, déjà très perceptible dans *L'Amour
médecin*, dans *George Dandin* et dans *L'Avare*, trouve dans
Le Bourgeois gentilhomme son illustration à la fois la plus
éclatante et naïve. Sa perspective est maintenant plus esthétique qu'éthique. Ce qu'elle veut, c'est que nous ne songions
qu'à nous réjouir. Ce qu'elle répète, non peut-être sans amer-
tume, c'est que la grande affaire est le plaisir.

La comédie-ballet, et en particulier *Le Bourgeois gentilhomme*, constituerait ainsi le manifeste d'une philosophie de la recherche du plaisir, et la comédie y oublierait
complètement son ambition traditionnelle, souvent
revendiquée par Molière : corriger les mœurs par l'illustration des travers de son temps.

Parallèlement à cette nouvelle sagesse comique, centrée sur
l'idée de comédie et de folie universelles, Molière élabore pro-
gressivement une nouvelle forme de comédie justement destinée à en traduire et à en exprimer l'esprit. [La comédie-ballet
lui] paraît, de par sa plasticité et ses extraordinaires dimen-
sions spectaculaires, éminemment apte à traduire pour les
sens, en la projetant et en l'inscrivant dans l'espace théâtral,
l'idée démocritéenne qu'il se fait désormais du monde et de
la comédie des hommes.

C'est dans cette perspective d'une création consciente et
parfaitement maîtrisée que *Le Bourgeois gentilhomme*, cet
incontestable chef-d'œuvre de la comédie de la seconde
manière, trouve peut-être tout à la fois sa signification la plus
riche et la plus inattendue. Car enfin, puisque la comédie de
Molière manifeste une tendance très nette à s'ajouter une
dimension réflexive, à se prendre elle-même pour sujet, à
exprimer directement, en même temps qu'elle se déroule, les
pensées qu'elle suscite chez son créateur, à constituer pour

lui l'instrument privilégié de la découverte du monde et de soi ; puisque enfin ce dernier y parle autant de son art que d'autre chose, la tentation est grande, et tout compte fait légitime, d'interpréter *Le Bourgeois gentilhomme* comme une sorte de méditation, de parabole, d'illustration théâtrale et allégorique de la métamorphose profonde que Molière, abandonnant la comédie morale pour la comédie-ballet, fait subir à sa création. Et de fait l'essentiel de cette métamorphose s'y retrouve, et de ce mouvement irrésistible qui conduit la comédie moliéresque d'un univers réaliste, prosaïque et moral à un univers esthétique, surréaliste et poétique. Jourdain est un bourgeois que, depuis qu'il s'est mêlé de hanter la noblesse, sa condition et son milieu social ne satisfont plus. Un homme qui à la réalité décevante où se complaît son épouse – le bon sens, la raison, le qu'en-dira-t-on, la propreté des carreaux de la grand salle – préfère les chimères et les envolées de son imagination. Qui, comme Moron, rêve d'apprendre à chanter et à danser – « la musique et la danse... la musique et la danse, c'est là tout ce qu'il faut » –, de s'ajouter de nouvelles connaissances et de nouveaux moyens de séduction. Qui acquiert ces connaissances et ces séductions essentiellement par le biais de l'imitation. Qui fait constamment, dans sa démarche, preuve d'un sens critique toujours en éveil, contestant par exemple les bergers et le style – qu'il juge « lugubre » – de la pastorale galante, trouvant Dorimène encore plus belle que les chansons à boire, et découvrant finalement son royaume en Turquie, dans la cérémonie burlesque et solennelle de l'intronisation du grand Mamamouchi. Qui enfin métamorphose le monde qui l'entoure, transforme sa maison bourgeoise en théâtre, fait naître la fête et la joie sous ses pas et contraint, par la magie de son entêtement, le monde entier – les Nations – à pénétrer dans son univers et à jouer le jeu de sa folie. Heureux, totalement et réellement soi, à partir du moment où il est parvenu à modeler la réalité à l'image de ses rêves et de sa fantaisie. Artiste, et créateur [1].

---

1. Gérard Defaux, *Molière ou les Métamorphoses du comique*, © KLINCKSIECK, Paris, 1992, p. 290-294.

— *Bourgeoisie, noblesse et mobilité sociale au XVIIe siècle*

CE QUE C'EST QU'ÊTRE NOBLE ET COMMENT ON LE DEVIENT

Nous autres lecteurs du XXIe siècle avons nécessairement une conception de la noblesse modelée par celle du siècle de Louis XIV (et notamment par Saint-Simon), siècle qui incarne à nos yeux l'essence de l'Ancien Régime. Nous sommes ainsi persuadés que la noblesse, pour toute la période pré-révolutionnaire, est exclusivement affaire de « sang ». Or, cette conception a largement été forgée et diffusée par les monarques du XVIIe siècle, et ce à des fins politiques. Jusqu'au XVIe siècle, et sans doute encore dans l'esprit d'une partie des spectateurs du siècle suivant, la noblesse peut bien se conquérir par une certaine manière de vivre, comme nous le disent les historiens dans le texte qui suit. Le projet de Monsieur Jourdain n'aurait donc certainement pas été si ridicule s'il avait vécu quelques décennies plus tôt.

La noblesse est le second des trois ordres du royaume, après le clergé et devant le tiers état. Cette tripartition traditionnelle se réfère aux trois fonctions essentielles (prier, se battre, travailler). Mais ce classement, qui survit dans la structure tripartite des États généraux, tend à s'estomper au profit d'une opposition binaire fondée sur la qualité : noblesse est alors le contraire de roture. « En France, écrit le juriste Jean Bacquet, il y a deux sortes de personnes : les uns sont nobles, les autres sont roturiers et non nobles. Et sous ces deux espèces sont compris tous les habitants du royaume : soient gens d'Église, gens de justice, gens faisant profession des armes, trésoriers, receveurs, marchands, laboureurs et autres » (*Quatriesme traicté des droits du domaine*, 1582).

La qualité s'entend de deux manières. La première désigne une distinction lignagère et personnelle, une « vertu » et un genre de vie considérés comme dignes d'honneur et de révérence par l'opinion publique ; les privilèges qui l'entourent sont alors interprétés comme une reconnaissance collective et coutumière de supériorité, que le prince ne fait qu'entériner. Les théoriciens de la société sensibles à cet aspect reprennent volontiers le rapprochement des auteurs de l'Antiquité entre *noscibilitas* et *nobilitas*, notoriété et noblesse. Ils voient en celle-ci une création de la nature, qui façonne la prééminence des races nobles et la perpétue par l'hérédité de l'aptitude à la « vertu ». [...]

La qualité est aussi une distinction publique, un statut juridique garanti par la puissance souveraine et contrôlable par elle. Les juristes royaux qui veulent promouvoir cette perspective soutiennent que la noblesse est une création du prince, et non de la nature ; ils citent la définition donnée au début du XIVᵉ siècle par l'Italien Barthole : *Nobilitas est qualitas per principem illata, qua quis supra honestos plebeios acceptus ostenditur* (La noblesse est une qualité conférée par le prince, par laquelle il est signifié que quelqu'un est placé au-dessus des honnêtes plébéiens). Ils ne nient pas la nécessité de la « vertu » noble, mais pensent qu'elle n'est pas suffisante ; seul le sceau du roi lui donne son caractère de dignité publique. Cette conception de la noblesse a peu à peu pris le pas sur la première, au cours des temps modernes, sous l'effet de la volonté royale de contrôle du fait nobiliaire.

Tous les efforts de la monarchie ont tendu à transformer en une ligne nette et précise la zone indistincte et large qui sert encore, au XVIᵉ siècle, de démarcation entre qualité noble et roture, et qui fonctionne comme un sas où les candidats à l'agrégation dans la noblesse peuvent se glisser clandestinement et se décrasser peu à peu de leur roture. Tant que la notion de « vie noble » est prééminente dans l'identité nobiliaire, ces efforts sont voués à l'échec. C'est à partir de 1560, date des États généraux d'Orléans [...], que commence vraiment l'entreprise de délimitation du contour de la noblesse. Le genre de vie noble n'est pas négligé : son importance est soulignée négativement par les règles de la dérogeance (un

article de l'ordonnance d'Orléans interdit aux gentilshommes de faire « trafic de marchandises » et de « prendre
ou tenir fermes par eux ou personnes interposées »). Mais la
clarification monarchique porte surtout sur les deux points
les plus faciles à contrôler : la qualification et la filiation, qui
vont devenir les deux éléments fondamentaux pour prouver
la noblesse. [...]

L'affluence des anoblis et surtout la part importante,
parmi eux, de ceux qui se sont agrégés eux-mêmes montrent
combien la noblesse est encore, au XVIᵉ siècle, affaire de
considération sociale et de genre de vie lignager plutôt que
de statut juridique. [...] Dans la première moitié du
XVIIᵉ siècle, l'expansion nobiliaire se ralentit ou s'arrête selon
les provinces. La grande Recherche ou Réformation de
noblesse entreprise dans tout le royaume à partir de 1666, à
l'instigation de Colbert, et suivie d'autres qui se prolongent
jusqu'en 1727, amorce (ou, dans certains cas, accentue) la
diminution du nombre des nobles. C'est le triomphe de la
conception légaliste et monarchique de la noblesse. Les faux
nobles sont remis à la taille[1]. Ce gigantesque effort de
contrôle n'a pourtant pas abouti à la création d'un catalogue
des nobles ; il n'a pas non plus complètement stoppé le flux
de l'agrégation clandestine, ni n'a levé toutes les ambiguïtés
du statut nobiliaire. Il n'en reste pas moins qu'il a rejeté un
certain nombre d'aspirants à la noblesse et rendu plus difficile l'usurpation[2].

TEXTES DE LOI SUR L'USURPATION DE NOBLESSE

Pour imposer une certaine conception lignagère de la
noblesse, Louis XIII et Louis XIV mènent tout au long
du siècle une véritable chasse aux « faux nobles », qui se

---

1. « *Taille*, en termes de finances, se dit d'une certaine imposition de
deniers qui se lève sur le peuple. On appelle *taille personnelle* celle qui
s'impose et se lève sur chaque personne taillable ; et *taille réelle*, celle
qui s'impose et se lève sur les terres et les possessions » (*Académie*).
2. *Dictionnaire de l'Ancien Régime*, art. « Noblesse, noblesses »,
© PUF, « Quadrige », 2010.

lit clairement dans les textes de loi que nous reproduisons ici. L'un des enjeux de cette entreprise apparemment idéologique est en fait fiscal : refuser à certains le titre de noble revient en pratique à leur retirer leurs privilèges, c'est-à-dire à les soumettre à l'impôt (la taille, dont il est question dans ces lois). On voit à quel point il est important pour le pouvoir central d'empêcher le plus possible les bourgeois *riches*, comme Monsieur Jourdain, de revendiquer le statut nobiliaire.

Défendons à tous nos sujets d'usurper le titre de noblesse, prendre la qualité d'écuyer [1], et de porter armoiries timbrées, à peine de deux mille livres d'amende, s'ils ne sont de maison et extraction nobles. Enjoignons à nos procureurs généraux et leurs substituts, de faire les poursuites nécessaires contre les usurpateurs desdits titres et qualités. (Édit de 1634, art. 2.)

Nous défendons à toutes personnes de quelque qualité qu'elles soient, s'ils [sic] ne sont nobles, de prendre la qualité d'écuyer par écrit, ni faire mettre écussons et armoiries timbrées à leurs armes, à peine de mille livres d'amende, applicable moitié à notre profit, et l'autre moitié au dénonciateur. (Déclaration de 1655.)

Que tous ceux qui depuis l'année 1606 se trouveront, sans être nobles et sans titre valable, avoir indûment pris la qualité de chevalier ou d'écuyer, avec armes timbrées, et usurpé le titre de noblesse, ou exemption de tailles, soit de leur autorité, force et violence, tant en vertu des sentences et jugements donnés par les commissaires députés pour le règlement des tailles ou des francs-fiefs [2], que des sentences des élus et autres juges, qui se trouveront avoir été données par collusion et sous faux donné à entendre, soient imposés aux rôles des tailles des paroisses où ils sont demeurant, eu

---

1. C'est le titre de tous les nobles qui n'ont pas été faits chevaliers.
2. « Fief possédé par un roturier avec concession et dispense du roi, contre la règle commune, qui ne permet pas aux roturiers de tenir des fiefs. On appelle *droit des francs-fiefs*, *taxe des francs-fiefs*, le droit domanial qui se lève de temps en temps sur les roturiers qui possèdent des terres nobles » (*Académie*).

égard aux biens et facultés qu'ils possèdent, nonobstant les-
dits sentences et jugements. Et pour l'indue usurpation par
eux faite, qu'ils seront tenus nous payer, conformément au
règlement des tailles de 1634, la somme de deux mille livres,
et les deux sols pour livre, sur les rôles qui seront arrêtés en
notre conseil. (Déclaration de 1656, réitérée en 1661)

Et que ceux qui ne produiront des titres et contrats que
depuis et au-dessous de l'année 1560 soient déclarés roturiers, contribuables aux tailles et autres impositions, et
condamnés en deux mille livres d'amende, et aux deux sols
pour livre. (Déclaration de 1664.)

LE MILIEU DE MOLIÈRE : M. POQUELIN EN BON BOURGEOIS

Le Bourgeois gentilhomme est la pièce de Molière où
l'on sent le plus nettement une dimension « autobiogra-
phique ». L'une des rares choses que l'on sache avec cer-
titude sur son enfance est que son père appartenait à la
bonne bourgeoisie parisienne et commerçante, comme les
Jourdain. Ces derniers sont drapiers de père en fils
(Madame Jourdain dit à propos de sa fille que « ses deux
grands-pères vendaient du drap auprès de la porte Saint-
Innocent ») ; les Poquelin étaient tapissiers. Comme les
Jourdain ils habitaient le quartier des Innocents, qui avait
une importance considérable dans leur vie. En effet, les
divers actes notariés qui jalonnèrent la vie des parents
de Molière sont systématiquement signés par des voisins.
Enfin, de toute évidence, les Poquelin, comme les Jourdain, avaient le sens des affaires. Est-ce à dire que
M. Jourdain a été inspiré par le père de Molière ? Rien
ne l'atteste, mais on est en droit de le rêver : M. Poquelin,
par son métier, avait accès à la cour et a pu y prendre le
goût des belles choses…

Le 22 février 1621, Jean Poquelin, marchand tapissier,
demeurant rue Saint-Honoré, paroisse Saint-Eustache, fils de

Jean, marchand tapissier, bourgeois de Paris, et d'Agnès Mazuel, demeurant rue de la Lingerie, passe contrat de mariage avec Marie Cressé, fille de Louis *de* [*sic*] Cressé, marchand tapissier, bourgeois de Paris, et de Marie Asselin, demeurant au marché aux Poirées, paroisse Saint-Eustache, près du cimetière des Innocents. Les témoins sont tous des parents habitant le même quartier, bourgeois de Paris travaillant dans les tissus (tapissiers, plumassiers, tailleurs d'habits), plus rarement marchands. Claude Levassent, une tante du marié, est veuve de Jean Mazuel, violon ordinaire du roi. Elle en a eu quinze enfants, dont deux violons du roi. La future reçoit 2 200 livres, dont 1 800 en argent comptant. Le mari apporte la même somme, dont 200 livres provenant de ses gains, le reste fourni par ses parents. Pour l'époque et le milieu, ce sont de belles dots, signes de prospérité.

Jean Poquelin a vingt-six ans ; Marie Cressé, vingt. Ils sont dans la norme du temps. Il n'y a rien d'aventureux dans ce mariage entre voisins dont les parents exercent le même métier, appartiennent à la même couche sociale. Le fiancé a pignon sur rue. Le 20 juillet 1620, il a loué pour quatre ans une maison rue Saint-Honoré, « faisant l'un des coins de la rue des Vieilles-Étuves », aujourd'hui rue Sauvai. Jean Poquelin s'y plaira, puisqu'il en renouvellera plusieurs fois le bail. Il ne la quittera qu'en 1643, l'année où son fils Jean-Baptiste le quittera pour fonder l'Illustre Théâtre. [...]

À la fin de 1629, Nicolas Poquelin, frère cadet du père de Jean-Baptiste, avait acheté un office de « tapissier ordinaire de la maison du roi ». Sa mère et son frère aîné s'étaient unis pour lui trouver les 1 200 livres qui lui manquaient, empruntant conjointement la somme à Jean Doublet, allié des familles Cressé et Mazuel. Au début de 1631, le père de Molière décide (ou accepte) de lui racheter cette charge. Il prête serment de titulaire le 22 avril. À la fin de juin, deux certificats attestent qu'il a servi au « quartier » d'avril, mai et juin. Dans *L'État général des officiers de la maison du roi*, il figure pour 300 livres de gages en 1633, 1636 et plusieurs des années suivantes.

Il y avait huit « tapissiers ordinaires » qui servaient deux par deux un trimestre par an. « Ils font tous les jours le lit du roi avec les valets de chambre », explique *L'État de la France*. En pratique, un seul des deux tapissiers de service est effectivement en fonction, un petit moment de la journée, et il fait plus d'une fois confiance aux valets de chambre qu'il est censé diriger. « Ils sont obligés de garder les meubles de campagne pendant leur quartier, continue *L'État*, et de faire les meubles de Sa Majesté quand Elle l'ordonne. » Autrement dit, ils jouissent d'un marché réservé. [...]

De cette fonction, en principe plus honorifique que lucrative (sans anoblir, elle permet de prendre le titre d'écuyer), il arrive que le tapissier tire profit. Le 29 mai 1631, un mois et une semaine après sa prestation de serment, Jean Poquelin promet, conjointement avec un confrère, de fournir pour l'artillerie de France l'équipement de 300 lits, soit 300 matelas, 300 paillasses, 300 couvertures, 300 chevets et 600 paires de draps, moyennant 8 850 livres. Belle différence entre un tel chiffre et le revenu annuel moyen – 3 450 livres – de chacun des comédiens de la troupe de Molière pendant les quinze saisons où ils triompheront à Paris ! [...]

Jean-Baptiste avait neuf ans passés quand son père acheta la fonction qui lui donnait professionnellement accès à la cour et l'élevait socialement. Peut-être ce dernier songea-t-il à ce moment-là à mettre son fils au collège, dans l'espoir de le voir plus tard reçu dans une charge plus prestigieuse qui élèverait encore la famille. Mais le bonhomme Poquelin a fort bien pu considérer au contraire qu'avec cette charge de tapissier du roi, signe éclatant de sa réussite pour ses confrères et dans son milieu, il assurait au mieux l'avenir de son aîné dans son métier – le métier de sa famille [1].

LE BOURGEOIS EN GRENOUILLE ENFLÉE

Le thème du bourgeois gentilhomme est un *topos* de la littérature morale autant qu'une réalité sociale de l'époque. Presque tous les « moralistes » du temps en ont traité. La Fontaine et La Bruyère, notamment, présentent le projet d'anoblissement sous les mêmes espèces exactement que *Le Bourgeois gentilhomme* : comme une

---

1. Roger Duchêne, *Molière*, Paris, © Librairie Arthème Fayard, 2006, p. 21-22 et 26-28.

usurpation, marquée profondément du sceau du ridicule. La grenouille des *Fables* de La Fontaine en explosera, dans une scène burlesque. Peut-être ne faut-il pas lire dans ces textes uniquement la trace d'une idéologie nobiliaire louis-quatorzienne bien ancrée. En effet, aux yeux de l'époque classique, la tentative d'ascension sociale constitue une infraction à une règle éthique et esthétique largement indépendante de l'idéologie nobiliaire, à savoir la bienséance. L'attitude de chacun doit être adaptée à sa « condition » ; adopter un autre comportement pour s'élever à un rang supérieur est une violation majeure de cette règle générale, qui structure toute la pensée classique.

LA GRENOUILLE QUI VEUT SE FAIRE
AUSSI GROSSE QUE LE BŒUF

Une Grenouille vit un Bœuf
Qui lui sembla de belle taille.
Elle, qui n'était pas grosse en tout comme un œuf,
Envieuse, s'étend, et s'enfle, et se travaille,
Pour égaler l'animal en grosseur,
Disant : « Regardez bien, ma sœur ;
Est-ce assez ? dites-moi ; n'y suis-je point encore ?
– Nenni. – M'y voici donc ? – Point du tout. – M'y voilà ?
– Vous n'en approchez point. » La chétive pécore
S'enfla si bien qu'elle creva.
Le monde est plein de gens qui ne sont pas plus sages :
Tout bourgeois veut bâtir comme les grands seigneurs,
Tout petit prince a des ambassadeurs,
Tout marquis veut avoir des pages [1].

---

1. La Fontaine, « La Grenouille qui veut se faire aussi grosse que le Bœuf », dans *Fables*, I, 3, éd. A.-M. Bassy, GF-Flammarion, 1995, p. 76-77.

PÉRIANDRE,
LE BOURGEOIS GENTILHOMME DE LA BRUYÈRE

On ne peut mieux user de sa fortune que fait Périandre : elle lui donne du rang, du crédit, de l'autorité ; déjà on ne le prie plus d'accorder son amitié, on implore sa protection. Il a commencé par dire de soi-même : un homme de ma sorte ; il passe à dire : un homme de ma qualité ; il se donne pour tel, et il n'y a personne de ceux à qui il prête de l'argent, ou qu'il reçoit à sa table, qui est délicate, qui veuille s'y opposer. Sa demeure est superbe : un dorique [1] règne dans tous ses dehors ; ce n'est pas une porte, c'est un portique : est-ce la maison d'un particulier ? est-ce un temple ? le peuple s'y trompe. Il est le seigneur dominant de tout le quartier. C'est lui que l'on envie, et dont on voudrait voir la chute ; c'est lui dont la femme, par son collier de perles, s'est fait des ennemies de toutes les dames du voisinage. Tout se soutient dans cet homme ; rien encore ne se dément dans cette grandeur qu'il a acquise, dont il ne doit rien, qu'il a payée. Que son père, si vieux et si caduc, n'est-il mort il y a vingt ans et avant qu'il se fît dans le monde aucune mention de Périandre ! Comment pourra-t-il soutenir ces odieuses pancartes* qui déchiffrent les conditions et qui souvent font rougir la veuve et les héritiers ? Les supprimera-t-il aux yeux de toute une ville jalouse, maligne, clairvoyante, et aux dépens de mille gens qui veulent absolument aller tenir leur rang à des obsèques ? Veut-on d'ailleurs qu'il fasse de son père un Noble homme, et peut-être un Honorable homme, lui qui est Messire [2] ?

---

* « Billets d'enterrements. » (*NdA.*)

---

1. L'« ordre dorique » : esthétique architecturale à la grecque.
2. La Bruyère, *Les Caractères*, GF-Flammarion, 1965, VII, 21, p. 173-174.

Les travaux d'Emmanuel Bury[1] ont montré toute l'importance de l'idéologie de l'« honnêteté » et de la « civilité » au XVIIe siècle, ainsi que son influence déterminante sur la littérature de l'époque. La politesse mondaine se fonde sur un certain nombre de règles touchant au comportement physique comme au langage, que l'on trouve explicitées dans les différents traités cités ici, mais qui la plupart du temps restent implicites. Ce sont ces règles que Monsieur Jourdain enfreint systématiquement, alors même qu'il cherche à acquérir le « bel air » de la cour. Nous reprenons les rapprochements très éclairants opérés par Patrick Dandrey[2] : ils montrent nettement pourquoi certaines actions de Monsieur Jourdain étaient perçues comme ridicules par les spectateurs de l'époque.

Aimer les dictons

SECOND MUSICIEN
Qui manquera de constance,
Le puissent perdre les dieux.
TOUS TROIS
À des ardeurs si belles
Laissons-nous enflammer ;
Ah ! qu'il est doux d'aimer,
Quand deux cœurs sont fidèles !
MONSIEUR JOURDAIN. – Est-ce tout ?
MAÎTRE DE MUSIQUE. – Oui.
MONSIEUR JOURDAIN. – Je

« Je trouvai il y a quelques jours, poursuit le Commandeur, un homme de la ville à qui je ne dis pas un mot qu'il n'y répondît par une salve de proverbes. Je lui parlai de quelque perte qu'il avait faite, il me dit d'abord : "Marchand qui perd ne peut rire" ; "Qui m'ôte mon bien m'ôte mon sang", mais "Contre mauvaise fortune bon cœur". [...] Il

---

1. Notamment *Littérature et politesse. L'invention de l'honnête homme (1580-1750)*, PUF, « Perspectives littéraires », 1996.
2. Dans Patrick Dandrey, *Molière ou l'Esthétique du ridicule*, Klincksieck, 2002.

trouve cela bien troussé, et il y a là-dedans de petits dictons assez jolis [1].

« m'enfila ensuite un si grand nombre de proverbes et de quolibets de cette espèce, qui tombaient sur moi dru comme la grêle, et il pouvait défier en ce genre Sancho Pança, ce digne écuyer de Dom Quichotte, qui tout fou qu'il était ne les pouvait souffrir [2]. »

Se couvrir ou pas

DORANTE. – Allons, mettez...
MONSIEUR JOURDAIN. – Monsieur, je sais le respect que je vous dois.
DORANTE. – Mon Dieu ! mettez : point de cérémonie entre nous, je vous prie.
MONSIEUR JOURDAIN. – Monsieur...
DORANTE. – Mettez, vous dis-je, Monsieur Jourdain : vous êtes mon ami.
MONSIEUR JOURDAIN. – Monsieur, je suis votre serviteur.

« Résister honnêtement à ce commandement [de se couvrir], si cette personne est de très grande qualité : mais aussi il ne faut pas le lui faire dire importunément, trois ou quatre fois [3]. »

Expressions interdites

DORANTE. – Je ne me couvrirai point, si vous ne vous couvrez.
MONSIEUR JOURDAIN. – J'aime mieux être incivil qu'importun.

« Un homme du monde qui a l'esprit délicat [...] ne se sert jamais de ces lieux communs qui d'indifférents qu'ils étaient d'abord, sont devenus mauvais par le trop fréquent usage qu'on en a fait, par exemple :

---

1. Acte Ier, scène 2, *supra*, p. 47.
2. François de Callières, *Du bon et du mauvais usage dans les manières de s'exprimer, des façons de parler bourgeoises et en quoi elles sont différentes de celles de la cour*, Paris, 1693, p. 117-118.
3. Antoine de Courtin, *Nouveau Traité de la civilité qui se pratique en France parmi les honnêtes gens*, Paris, 1671, p. 21 (cité par Patrick Dandrey dans *Molière ou l'Esthétique du ridicule, op. cit.*, p. 246).

DORANTE. – Je suis votre débiteur, comme vous le savez.

MADAME JOURDAIN. – Oui, nous ne le savons que trop.

DORANTE. – Vous m'avez généreusement prêté de l'argent en plusieurs occasions, et vous m'avez obligé de la meilleure grâce du monde, assurément.

MONSIEUR JOURDAIN. – Monsieur, vous vous moquez [2].

MONSIEUR JOURDAIN. – Madame, ce m'est une gloire bien grande de me voir assez fortuné pour être si heureux que d'avoir le bonheur que vous ayez eu la bonté de m'accorder la grâce de me faire l'honneur de m'honorer de la faveur de votre présence [5].

"Il vaut mieux être incivil qu'importun" [1]. »

« C'est de même manquer de respect à une personne, que de lui répondre, comme font la plupart, quand elles nous ont dit quelque chose d'obligeant, ou qu'elles répugnent à notre civilité, "Vous vous moquez, Monsieur". Il ne faut point du tout se servir de cette façon de parler, mais tourner la phrase autrement, et dire : "Vous me donnez de la confusion, Monsieur, c'est mon devoir", etc. [3]. »

« La contruction "ce m'est une gloire" est mauvaise. Il faut dire plutôt, "c'est pour moi une grande gloire" [4]. »

---

1. François de Callières, *Du bon et du mauvais usage dans les manières de s'exprimer…*, *op. cit.*, p. 114-115 (cité par Patrick Dandrey dans *Molière ou l'Esthétique du ridicule, op. cit.*).

2. Acte III, scène 4, *supra*, p. 82-83.

3. Antoine de Courtin, *Nouveau Traité de la civilité qui se pratique en France parmi les honnêtes gens, op. cit.*, p. 28 (cité par Patrick Dandrey dans *Molière ou l'Esthétique du ridicule, op. cit.*, p. 247).

4. François de Callières, *Du bon et du mauvais usage dans les manières de s'exprimer…*, *op. cit.*, p. 200.

5. Acte III, scène 16, *supra*, p. 111.

Comme nous l'avons vu dans la Présentation, *Le Bourgeois gentilhomme* a cette particularité de trouver son origine dans un incident diplomatique. La pièce répond en effet à une commande que Louis XIV passa à Molière à la suite d'une ambassade turque qui tourna au fiasco. Voici les détails de l'affaire, racontés par un diplomate du XXᵉ siècle qui a dépouillé les archives du temps.

L'AMBASSADE DE SOLIMAN-AGA

L'arrivée à Paris (le 9 août 1669) de Soliman-Aga, envoyé extraordinaire du sultan, inspira aux ministres du roi la plus extravagante fantaisie : ils prirent le parti de lui appliquer exactement le traitement que les ambassadeurs français recevaient à Constantinople du grand vizir. M. de Lyonne, secrétaire d'État aux Affaires étrangères, devait lui donner audience à sa maison de Suresnes. On résolut donc de copier scrupuleusement les usages de la Porte. La salle fut aménagée à la turque : sopha, coussins, etc. Le premier rôle, celui du grand vizir, incomba à M. de Lyonne lui-même ; les autres rôles furent convenablement répartis. Ainsi se déroula, en toute gravité, une comédie diplomatique sans précédent. Mais les choses ne marchèrent pas très bien. Soliman-Aga manifesta une extrême mauvaise humeur. Porteur d'une lettre du Grand Seigneur, il ne consentit point à la remettre au ministre, tenant à la présenter lui-même au roi. Mais l'étiquette de la cour de France n'admettait en présence du monarque que des ambassadeurs attitrés et Soliman-Aga n'en était pas. La première audience finit mal et de Lyonne ne cacha pas son inquiétude : présenté à l'envoyé du sultan comme ayant un rang équivalent à celui du grand vizir, il avait commis une usurpation dont le Turc ne tarderait pas à se rendre compte. En effet, il y avait, à côté de lui, deux autres « grands vizirs » et de taille : Colbert et Louvois. Il crut donc nécessaire d'ouvrir la seconde audience par un long discours sur l'organisation de la France. À quoi Soliman-Aga, imperturbable, répondit : « Je ne suis pas venu pour apprendre comment la France est gouvernée ! ». Et il persista dans son refus de remettre la lettre de son maître.

Le roi consentit enfin à le recevoir (le 5 décembre 1669), mais à l'entrée du château de Saint-Germain et entouré de sa cour tout entière étalant ses brillants uniformes. On avait tout fait pour éblouir l'orgueilleux envoyé, mais le Turc resta indifférent, vexé même d'être reçu en plein air. Ayant présenté la lettre du sultan au roi, selon le cérémonial de la Porte, il se retira sans faire aucune attention au faste de la cour, ni aux grands dignitaires présents. La cour en fut fort intriguée ; c'était presque du scandale !

Sa mission terminée, Soliman-Aga séjourna encore quelque temps à Paris, sans cesser ses plaintes et ses protestations. Il se plaignait même qu'on lui avait défendu toute relation avec ses « compatriotes » qui habitaient Paris (les marchands grecs et arméniens). Il assurait qu'il ne pensait pas ravir ces « sujets » à leur maître actuel et pourtant, ajoutait-il, « il n'y a rien de si naturel aux oiseaux et aux esclaves que de chercher leur liberté ». Soliman-Aga quitta la France au cours de l'été de 1670. Les dignitaires de la cour qui l'accompagnèrent de Paris à Toulon ne manquèrent pas à leur retour de faire l'histoire de nouvelles « saillies et extravagances de cet envoyé » (Arvieux). Peu après, le marquis de Nointel parut à Marseille dans un équipage pompeux ; il s'embarqua aussitôt, au bruit de l'artillerie, et le lendemain, 22 août 1670, il mit à la voile. Une nouvelle période commençait dans les relations entre la France et l'Empire ottoman.

En ces années, le Roi Soleil multipliait les fêtes dans ses diverses résidences (Versailles, Chambord, Saint-Germain). Le sujet qui dominait les plaisanteries de la cour était le « Turc » et ses extravagances. Dans cette atmosphère, Louis XIV conçut l'idée d'en enrichir le répertoire des « divertissements de la cour ». Le chevalier d'Arvieux, un courtisan qui avait séjourné longtemps en Orient, nous en fait, dans ses *Mémoires* (t. IV), un récit détaillé.

« Le roi, raconte-t-il, ayant voulu faire un voyage à Chambord pour y prendre le divertissement de la chasse, voulut donner à la cour celui d'un ballet ; et comme l'idée des Turcs qu'on venait de voir à Paris était encore toute récente, il crut qu'il serait bon de les faire paraître sur la scène. Sa Majesté m'ordonna de me joindre à Messieurs Molière et Lully pour composer une pièce où l'on pût faire entrer quelque chose des habillements et des manières des Turcs. [...] Ce fut là que nous travaillâmes à cette pièce de théâtre que l'on voit dans les œuvres de Molière sous le titre de *Bourgeois gentilhomme*, qui se fit turc pour marier sa fille avec le fils du Grand Seigneur. Je fus chargé de tout ce qui regardait les habillements et les manières des Turcs [...] Le ballet et la comédie furent représentés avec un si grand succès que quoiqu'on les répétât plusieurs fois de suite, tout le monde les redemandait encore. [...] On voulut même faire entrer les scènes turques dans le ballet de *Psyché* qu'on préparait pour le carnaval suivant [1]. »

C'est ainsi que la visite de l'envoyé extraordinaire du sultan a donné naissance à la « turquerie » du *Bourgeois gentilhomme*, cet « intermède » burlesque qui accentue la satire des parvenus et des « mamamouchis ». Ainsi Soliman-Aga fut à l'origine d'une des créations artistiques les plus curieuses du théâtre français [2].

UNE INTRONISATION GROTESQUE

L'idée de la cérémonie turque du *Bourgeois gentilhomme* provient probablement de deux sources : l'une d'actualité – la visite des Turcs à Paris –, l'autre littéraire – la fameuse scène d'intronisation écrite par Sorel. Molière, comme il le dit lui-même, « prend son bien où il le trouve » et n'hésite pas à emprunter à ses contemporains toutes les bonnes idées comiques qu'il repère dans leurs œuvres. De la scène de Sorel reproduite ci-après, il

1. Laurent d'Arvieux, *Mémoires du chevalier d'Arvieux, envoyé extraordinaire du Roi à la Porte* [...], *op. cit.*, t. IV, p. 252.
2. G.D. Makrinitsas, « Les Turcs à Paris », © *Le Monde diplomatique*, janvier 1956, p. 7.

retiendra entre autres l'idée d'une cérémonie burlesque en déguisements, et l'usage réjouissant de langues étrangères un peu revisitées.

Ils n'avaient pas à moitié soupé, qu'il arriva un carrosse et quelques chevaux devant la porte de la maison, et l'on heurta deux ou trois fois fermement. Pétrone, gentilhomme suivant de Francion, fut envoyé pour voir qui c'était : il vint rapporter que c'étaient des Polonais, qui disaient qu'ils voulaient parler à un seigneur nommé Hortensius. « C'est vous, dit Francion, il n'en faut point douter. » [...] « À quoi ai-je songé de m'habiller si peu à l'avantage aujourd'hui ? Que diront ces messieurs de me voir si mal fait ? Que n'ai-je été plus tôt averti de leur venue ? j'eusse songé à m'accommoder mieux, et Raymond m'eût prêté son plus beau manteau. » « Il faut être un peu à la mode de leur pays, dit Raymond ; je m'en vais vous dire ce que vous ferez. » Et alors, s'étant tous levés de table, les valets desservirent et rangèrent tout dedans la chambre de Raymond au mieux qu'il fut possible. Raymond envoya quérir dans sa garde-robe un petit manteau fourré dont le dessus était de satin rose sèche, lequel servait à mettre quand l'on était malade. Il dit à Hortensius : « Mettez ceci sur vos épaules : ces Polonais vous respecteront davantage, voyant que vous êtes déjà habillé à leur mode ; car ils se servent fort de fourrures, d'autant qu'il fait plus froid en leur pays qu'en celui-ci. » Hortensius était si transporté, qu'il croyait toute sorte de conseils ; il mit ce manteau librement, et, s'étant assis en une haute chaise, suivant l'avis de Francion, tous les autres demeurèrent à ses côtés debout et tête nue, comme pour donner opinion aux Polonais qu'il était grand seigneur. Raymond lui dit à l'oreille : « Apprêtez votre latin, car sans doute ils harangueront en cette langue : elle leur est aussi familière que la maternelle, et je m'assure qu'une des raisons pour lesquelles ils vous ont fait leur roi, c'est qu'ils ont su que vous étiez bon grammairien latin. » Comme il finissait ce propos, les quatre Allemands, qui s'étaient habillés en Polonais, arrivèrent avec six flambeaux devant eux. Le plus apparent de la troupe, qui représentait l'ambassadeur, fit une profonde révérence à Hortensius, et ceux de sa suite aussi ; puis il lui fit cette harangue, ayant préalablement troussé et retroussé ses deux moustaches l'une après l'autre : *Mortuo ladislao rege nostro, princeps invictis-sime,* ce dit-il d'un ton fort éclatant, *Poloni, divino numine afflati, te regem suffragiis suis elegerunt, cum te justitia et prudentia adeo similem defuncto credant, ut ex cineribus illius quasi phœnix alter videaris surrexisse. Nunc ergo nos tibi sub-mittimus, ni habenas regni nostri suscipere digneris.* Ensuite de ceci, l'ambassadeur lut un long panégyrique à Hortensius, où véritablement il dit de belles conceptions, car il était fort savant. Entre autres choses, il raconta que ce qui avait mû principalement les Polonais à élire Hortensius pour leur roi était qu'outre la renommée qu'il s'était acquise parmi eux par ses écrits, qui volaient de toutes parts, on laissait courir un bruit que c'était de lui que les anciens sages du pays avaient entendu parler dans de certaines prophéties qu'ils avaient faites d'un roi docte qui devait rendre la Pologne la plus heureuse contrée de la terre. Dès que cet orateur eut fini, Hortensius, le saluant par un signe de la tête qui montrait sa gravité, lui répondit ainsi : *Per me redibit aurea aetas : sit mihi populus bonus, bonus ero rex.* Il ne voulut rien dire davantage alors, croyant qu'il ne fallait pas que les princes eussent tant de langage, vu qu'un de leurs mots en vaut cinq cents. Les Polonais lui firent des révérences bien basses, et s'en allèrent après, avec des gestes étranges, comme s'ils eussent été ravis d'admiration. L'un disait : *O rex Chryso-stome, qualis Pactolus ex ore tuo emanat !* Et l'autre s'en allait criant : *O alter Amphion ! quot urbes sonus tuae vocis aedifi-caturus est !* Ainsi ils sortirent, le comblant de louanges et de bénédictions, comme la future gloire de la Pologne ; et Fran-cion les reconduisit avec un plaisir extrême de les voir naïve-ment faire leur personnage. [...] Ils ne furent pas sitôt sortis, qu'Hortensius demanda Audebert, voulant déjà user de l'autorité royale. Quand il fut venu, il lui dit qu'il fallait qu'il passât la plupart de la nuit auprès de son lit, parce que les soins qu'il avait l'empêchaient de dormir. Audebert en fut très aise ; car, comme il était malicieux, il espérait qu'à force de veiller et de parler de choses extravagantes, Hortensius deviendrait entièrement fol et qu'ils en auraient plus de plaisir [1].

---

1. Charles Sorel, *La Vraie Histoire comique de Francion* [1623], Paris, Delahays, 1858, p. 454-458.

La saison 2012 a vu la création de trois mises en scène du *Bourgeois gentilhomme* par des metteurs en scène majeurs. Le phénomène est en réalité assez rare : ludique et légère, cette comédie intéresse traditionnellement assez peu les metteurs en scène sérieux et les directeurs de scènes publiques. Sans doute ce soudain engouement s'explique-t-il, entre autres choses, par une comparaison, devenue courante dans les médias cette année-là en France, entre le président de la République d'alors, bourgeois dans ses goûts, aristocrate dans ses aspirations, et le personnage de Molière. Ces trois mises en scène ont permis aux spectateurs et aux critiques de comparer sur pièces, à quelques semaines d'intervalle seulement, trois gestes d'interprétation, mettant en valeur des aspects bien différents du texte.

CATHERINE HIEGEL AU THÉÂTRE D'ORLÉANS

La mise en scène de Catherine Hiegel (reprise au théâtre de la Porte-Saint-Martin à Paris) cherchait à mettre en valeur les ballets et la musique de la pièce dans le but de renouer avec l'ambiance très musicale de l'époque de la création. Elle mettait en scène pas moins de trente comédiens et musiciens, dont un orchestre baroque au grand complet qui jouait la partition originale de Lully. Au centre de cette scène bien peuplée, François Morel, dans le rôle titre, a séduit toute la critique. Il incarnait un Bourgeois beaucoup plus touchant que ridicule, profondément amoureux de sa Dorimène, sorte de Pierrot lunaire presque pathétique de naïveté.

Monsieur Jourdain (François Morel)
dans la scène où il est sacré « Mamamouchi »
(acte IV, scène 5).

On le voit sur cette photographie en extase parce qu'il vient d'être sacré « mamamouchi », qu'il se croit enfin parvenu à la « noblesse » – turque.

MARCEL MARÉCHAL AU THÉÂTRE 14

C'était en réalité la troisième mise en scène du *Bourgeois* dans la carrière de Marcel Maréchal, qui avait déjà joué le rôle près de cent fois. L'esprit de reconstitution qui avait prévalu dans les deux précédentes disparaissait complètement de celle-ci, ainsi que la musique de Lully au profit d'une partition originale de François Fayt. Les costumes du Bourgeois y étaient dignes d'une princesse de Walt Disney qui se serait convertie au fameux *bling-bling* (thème social fort important de l'année 2012). Maréchal mit en scène un Monsieur Jourdain amoureux fou de Dorimène beaucoup plus que de la noblesse, et sympathique en cela. « La clé de l'énigme du *Bourgeois*

Monsieur Jourdain (Marcel Maréchal) et son maître de philosophie
(Jacques Angéniol) pendant la leçon d'« orthographe »
(acte II, scène 4).
« MAÎTRE DE PHILOSOPHIE. – Et la voix I en rapprochant encore
davantage les mâchoires l'une de l'autre, et écartant les deux coins de
la bouche vers les oreilles : A, E, I. »

gentilhomme, ce n'est pas seulement son rapport à l'argent, c'est qu'il est amoureux fou », écrit Maréchal. Reste que Monsieur Joudain, chez Maréchal, utilisait les autres personnages, et notamment ses différents maîtres, pour arriver à tout prix à ses fins. Jourdain paiera ce qu'il faudra payer ; il veut, il a l'argent et il achète. Bien loin d'un François Morel naïf et touchant, Maréchal jouait un client délirant.

DENIS PODALYDÈS
AU THÉÂTRE DES BOUFFES-DU-NORD

C'est à une somptueuse fête des sens que Denis Podalydès invita les spectateurs de la saison 2012 (au théâtre des Bouffes-du-Nord, puis à la Criée de Marseille).

© Pascal GELY CDDS Enguerand

Pascal Rénéric dans le rôle de Monsieur Jourdain, pendant la scène
d'essayage de l'habit commandé au maître tailleur (acte II, scène 5).
« MAÎTRE TAILLEUR. – J'ai amené des gens pour vous habiller en
cadence, et ces sortes d'habits se mettent avec cérémonie. »

Entièrement centrée sur l'idée, bien moliéresque, d'union
des arts, cette magnifique mise en scène reprenait la
musique originale de Lully, y ajoutait des costumes
somptueux dessinés par Christian Lacroix lui-même,
ainsi qu'un énorme décor-scénographie imaginé par Éric
Ruf. Dans ce cadre artistique extraordinaire, Podalydès
fit évoluer un Monsieur Jourdain (joué par Pascal Rénéric) complètement aveugle à la beauté. Il écrivit dans sa
note d'intention : « Le paradoxe magnifique du *Bourgeois gentilhomme* tient à ce qu'on y réunit et célèbre les
Arts au profit d'un homme qui écoute, voit et pratique
les plus belles choses, sans jamais y rien entendre. » On

voit ici le Bourgeois en pleine séance d'habillage – narcissique.

La scénographie puissante et originale d'Éric Ruf mettait fortement en valeur le métier de drapier de Monsieur Jourdain, qui avait bien du mal à le faire oublier à Dorimène, au spectateur et à lui-même dans ce véritable atelier qu'était devenue la scène. Des pans de tissu serviraient à toutes sortes de jeux de voilement et de dévoilement nécessaires à la mise en scène (voir les croquis de scénographie d'Éric Ruf : Mobilier attendant des galettes de tapisserie, sur : <http://theatre.caen.fr/sites/theatrelocal.caen.priv/files/Dossier_Lebourgeoisgentilhomme120216.pdf>)

CHRONOLOGIE

	REPÈRES HISTORIQUES ET CULTURELS	VIE ET ŒUVRES DE MOLIÈRE
1610	Avènement de Louis XIII. Début de la régence de Marie de Médicis.	
1622	Paix de Montpellier avec les protestants.	(15 janvier) Baptême en l'église Saint-Eustache de Jean-Baptiste Poquelin, fils de Jean Poquelin, marchand tapissier.
1624	Début du ministère de Richelieu.	
1627	Fondation de la Compagnie du Saint-Sacrement-de-l'Autel.	
1629-1634	Premières comédies de Corneille.	
1632		Mort de la mère de Jean-Baptiste.
1635	Fondation de l'Académie française.	Jean-Baptiste Poquelin entre au collège de Clermont (actuel lycée Louis-le-Grand).
1637	Le Cid de Corneille. Le Discours de la méthode de Descartes.	
1640	Parution de l'Augustinus de Jansénius.	Études de droit à Orléans (?)
1642	Révolution en Angleterre. Mort de Richelieu. Cinna de Corneille.	
1643	Mort de Louis XIII. Début de la régence d'Anne d'Autriche.	Jean-Baptiste renonce à la charge paternelle de tapissier du roi. Fondation de l'Illustre Théâtre avec la famille Béjart.
1644		Première apparition du nom de Molière.

1645	Faillite de l'Illustre Théâtre et départ pour la province (ouest et sud de la France).
1646	Fusion avec la troupe de Charles Dufresne, protégée par le duc d'Épernon.
1648	Traité de Westphalie. Début de la Fronde.
1650	Mort de Descartes.
1652	La troupe est protégée par le prince de Conti, prince du sang et frère du Grand Condé.
1653	Retour de Mazarin. Fin de la Fronde.	Création à Lyon de *L'Étourdi*, la première comédie de Molière.
1655	Négociations avec Cromwell en vue d'une alliance franco-anglaise contre l'Espagne.
1656	Parution des *Provinciales* de Pascal.	*Le Dépit amoureux* est joué à Béziers.
1656-1657	
1657	Conti retire son patronage.
1658	Mort de Cromwell.	(printemps) Séjour de la troupe à Rouen et rencontre avec Corneille. (octobre) Arrivée à Paris. Monsieur, frère du roi, accorde sa protection à la troupe ; le roi lui offre la salle du Petit-Bourbon, qu'elle devra partager avec les Comédiens-Italiens.

CHRONOLOGIE

	REPÈRES HISTORIQUES ET CULTURELS	VIE ET ŒUVRES DE MOLIÈRE
1659	Paix des Pyrénées (l'Espagne cède à la France l'Artois et le Roussillon).	Départ des Italiens. *Les Précieuses ridicules*.
1660	Mariage de Louis XIV et de Marie-Thérèse. Restauration des Stuarts. Plusieurs documents dénoncent les méthodes utilisées par la Compagnie du Saint-Sacrement ; le 13 décembre, un arrêt du Parlement interdit les sociétés secrètes.	*Sganarelle ou le Cocu imaginaire*. Démolition de la salle du Petit-Bourbon. La troupe est relogée dans la salle du Palais-Royal.
1661	Mort de Mazarin. Début du règne personnel de Louis XIV. Disgrâce de Fouquet. Colbert est nommé au Conseil ; Lully obtient la charge de surintendant de la Musique du roi ; Le Vau commence les travaux à Versailles.	Échec de *Dom Garcie de Navarre*, comédie héroïque ; *L'École des maris* (Palais-Royal) ; création à Vaux-le-Vicomte des *Fâcheux*, première comédie-ballet de Molière.
1662	Mort de Pascal.	Mariage de Molière avec Armande Béjart. *L'École des femmes* (Palais-Royal). Premier séjour de la troupe à la cour.
1663		Querelle de *L'École des femmes*. *La Critique de l'École des femmes* (Palais-Royal) et *L'Impromptu de Versailles* (Versailles).
1664	Création de la Compagnie des Indes. Condamnation de Fouquet après quatre ans de procès. Représentation par les Comédiens-Italiens de *Scaramouche ermite*.	*Le Mariage forcé*, comédie-ballet (Louvre). Début de l'association avec Lully pour la comédie-ballet. Baptême de Louis, premier fils de Molière, qui a pour parrain le roi.

1664	Colbert devient contrôleur général des Finances. Mort de Philippe IV d'Espagne et préparation de la guerre de Dévolution. Le *Traité de la comédie* de Pierre Nicole paraît pour la première fois avec *Les Imaginaires*.	(mai) Fêtes des « Plaisirs de l'île enchantée » à Versailles. Le 8, Molière donne *La Princesse d'Élide*, comédie-ballet galante, et le 12 la première version du *Tartuffe*, en trois actes. La pièce est interdite. La troupe crée *La Thébaïde* de Racine. (août) Premier *placet* au roi. (novembre) *Le Tartuffe* comporte cinq actes.
1665	Colbert devient contrôleur général des Finances. Mort de Philippe IV d'Espagne et préparation de la guerre de Dévolution. Le *Traité de la comédie* de Pierre Nicole paraît pour la première fois avec *Les Imaginaires*.	*Dom Juan* (Palais-Royal), puis querelle de *Dom Juan*. La troupe devient celle des « Comédiens du roi ». *L'Amour médecin* (Versailles). Brouille avec Racine, qui confie *Alexandre* à la troupe rivale, celle de l'hôtel de Bourgogne.
1666	Mort d'Anne d'Autriche. Alliance avec la Hollande contre l'Angleterre (guerre franco-anglaise). Abbé d'Aubignac, *Dissertation sur la condamnation des théâtres*. Parution du *Traité de la comédie et des spectacles* du prince de Conti.	Molière est gravement malade. *Le Misanthrope* (Palais-Royal), *Le Médecin malgré lui* (Palais-Royal), *Mélicerte*, comédie-ballet (Saint-Germain).
1667	Début de la guerre de Dévolution : conquête de la Flandre. *Andromaque* de Racine.	*La Pastorale comique* et *Le Sicilien ou l'Amour peintre*, comédies-ballets (Saint-Germain). (5 août) Unique représentation de *L'Imposteur*, version remaniée du *Tartuffe*. Nouvelle interdiction, prononcée par le premier président Lamoignon.

	REPÈRES HISTORIQUES ET CULTURELS	VIE ET ŒUVRES DE MOLIÈRE
1668	Les traités de Saint-Germain et d'Aix-la-Chapelle mettent fin à la guerre de Dévolution. La Flandre est annexée. Six premiers livres des *Fables* de La Fontaine.	Deuxième placet au roi, qui commande ses armées en Flandre. Publication de la *Lettre sur la comédie de L'Imposteur*, anonyme.
1669		*Amphitryon* (Palais-Royal). (13 janvier) Représentation privée du *Tartuffe* chez le prince de Condé. *George Dandin* (Versailles) ; *L'Avare* (Palais-Royal). (5 février) Première représentation du *Tartuffe*, enfin autorisé. Troisième placet au roi. La pièce est jouée chez la reine le 21 février et à Saint-Germain le 3 août. Mort du père de Molière. *Monsieur de Pourceaugnac*, comédie-ballet (Chambord).
1670	Mort d'Henriette d'Angleterre, épouse de Monsieur, frère du roi. *Élomire hypocondre* de Le Boulanger de Chalussay, pamphlet injurieux écrit contre Molière.	*Les Amants magnifiques*, comédie-ballet (Saint-Germain), *Le Bourgeois gentilhomme*, comédie-ballet (Chambord).
1671		*Psyché*, tragédie-ballet à machines (Tuileries). *Les Fourberies de Scapin* (Palais-Royal). *La Comtesse d'Escarbagnas*, comédie-ballet (Saint-Germain).
1672		Mort de Madeleine Béjart. Molière rompt avec Lully.

C H R O N O L O G I E

1672-1673	Guerre franco-hollandaise.
1673	(27 avril) Création de la première tragédie lyrique française, *Cadmus et Hermione*, de Lully et Quinault.
1674	*Suréna*, dernière tragédie de Corneille. *Iphigénie* de Racine et *Alceste*, tragédie lyrique de Lully et Quinault (Versailles).
1677	*Phèdre* de Racine.

Les Femmes savantes (Palais-Royal).

Le Malade imaginaire (musique de Marc Antoine Charpentier), comédie-ballet (Palais-Royal). (17 février) Mort de Molière. Sa troupe est réunie avec celle du Marais et joue au théâtre Guénégaud.

Remariage d'Armande avec le comédien Guérin d'Estrinché.

Création de la Comédie-Française, où sont regroupées les troupes de l'Hôtel de Bourgogne et du théâtre Guénégaud.

Édition des *Œuvres complètes* de Molière.

1680	
1682	

BIBLIOGRAPHIE

SUR LA COMÉDIE-BALLET ET LES DIVERTISSEMENTS DE COUR

ABRAHAM, Claude, « On the structure of Molière's "comédies-ballets" », *Papers on French Seventeenth Century Literature*, « Biblio 17 », 1984.

APOSTOLIDÈS, Jean-Marie, *Le Roi-machine. Spectacle et politique au temps de Louis XIV*, Minuit, 1981.

BEAUSSANT, Philippe, *Lully ou le Musicien du soleil*, Gallimard et Théâtre des Champs-Élysées, 1992.

LOUVAT-MOLOZAY, Bénédicte, *Théâtre et musique. Dramaturgie de l'insertion musicale dans le théâtre français (1550-1680)*, Champion, « Sources classiques », 2002.

MALACHY, Thérèse, *Molière. Les Métamorphoses du carnaval*, Nizet, 1987.

MAZOUER, Charles, *Molière et ses comédies-ballets*, Klincksieck, 1993.

MAZOUER, Charles (dir.), « Théâtre et musique au XVIIᵉ siècle », *Littératures classiques*, nº 21, 1994.

McBRIDE, Robert, *The Triumph of Ballet in Molière's Theatre*, Lewinston, Queenston et Lampeter, The Edwin Mellen Press, 1992.

SUR *LE BOURGEOIS GENTILHOMME*

CHEVALLEY, Sylvie, *Le Bourgeois gentilhomme*, iconographie choisie et commentée, Genève, Minkoff, 1975.

DICKSON, Jesse, « Non-sens et sens dans *Le Bourgeois gentilhomme* », *The French Review*, vol. 51, nº 3, 1978.

DUCHÊNE, Roger, « Bourgeois gentilhomme ou bourgeois galant ? », dans *Création et recréation. Un dialogue entre littérature et histoire. Mélanges offerts à Marie-Odile Sweetser*, Tübingen, Gunter Narr Verlag, 1993.

GAINES, James F. (dir.), « *Le Bourgeois gentilhomme* : text and context », *Papers on French Seventeenth Century Literature*, « Biblio 17 », vol. 17, n° 32, 1990.

JONES, Dorothy F., « Law and grace in *Le Bourgeois gentilhomme* », *Studi Francesi*, janvier-avril 1988.

KAPP, Volker (éd.), « *Le Bourgeois gentilhomme.* Problèmes de la comédie-ballet », *Papers on French Seventeenth Century Literature*, « Biblio 17 », 1991.

KINTZLER, Catherine, « *Le Bourgeois gentilhomme.* Trois degrés dans l'art du ballet comique », *Revue de la Comédie-Française*, n° 154, 1986.

LOUVAT-MOLOZAY, Bénédicte, « *George Dandin* et *Le Bourgeois gentilhomme* : de la comédie alternée à la comédie-ballet », *Op. Cit. Revue de littératures française et comparée*, n° 13, 1999, p. 89-97.

MCBRIDE, Robert, « The triumph of ballet in *Le Bourgeois gentilhomme* », dans *Form and Meaning, Mélanges Barnwell*, 1982.

RIEU, Josiane, « Bourgeois gentilhomme, ou gentilhomme bourgeois ? », dans *Hommage à Jean Richer*, Les Belles Lettres, 1985.

TOBIN, Ronald W., « Fusion and diffusion in *Le Bourgeois gentilhomme* », *The French Review*, vol. 59, n° 2, 1985.

TABLE

———

PRÉSENTATION 7

NOTE SUR L'ÉDITION 29

Le Bourgeois gentilhomme

Acte premier 35
Acte II 48
Acte III 70
Acte IV 113
Acte V 130

D OSSIER

1. Le genre de la comédie-ballet 155
2. Bourgeoisie, noblesse
   et mobilité sociale au XVIIe siècle 160
3. Les règles de la politesse mondaine 169
4. Exotismes 172
5. Trois mises en scène 177

CHRONOLOGIE 183

BIBLIOGRAPHIE 191

Mise en page par Meta-systems
59100 Roubaix